東井義雄の授業づくり

生活綴方的教育方法とESD

風媒社

はじめに

わが国の小学校では、約四〇万人ほどの教師が日々授業に励んでいる。小学生の数は、全国でおよそ六五〇万人。マクロにはわが国の教師も子どもも世界第一流の成績を上げていると思う。でも教育界では、アクティブラーニングだ、言語活動の質の向上だ、授業改善だ、ということが声高に叫ばれ、教師がこの要請に応えるべく急き立てられているのも事実である。

ミクロに教師の日常を覗いてみればどうだろう。今日も頑張ろうと張り切って登校してくる子どもの想い・願いを教師である自分はどれだけきちんと受け止められたのかと振り返って、不十分さに気づく日の方が多いのではなかろうか。学習課題に子どもが到達できたか否かだけで子どもを見てしまっている自分に気づくことが多々あるのではないか。

教師の本業である授業という営みは、目に見える形ですぐには成果が表れないとても地味な仕事である。この根気のいる地味な仕事で、まあ満足できたと言える日は、一年に何日あるだろうか。数えるほどしかないというのが現実ではないだろうか。にもかかわらず先生方は、気になっていたあの子が目を輝かせるような授業がしたい、と今日も自分を奮い立たせている。教師にそうさせるものは一体「何？」とわたしは長年思い続けてきた。各地の先生方と授業づくりをやり始めてから四〇年以上、現在の勤務校中部大学に移って小学校教員養成の仕事に本格的に携わって一〇年目に入る。そのような中、先の「何？」に応えてくれるのは戦前からの生活綴方教師東井義雄ではないか、という考えが生じてきた。

ありがたいことにわたしの周りには、明日こそは子どもが主体的に活動する授業がしたい、と頑張っている先生方がたくさんいる。でもこの先生方も、これならわたしもできると一層の「やる気」が出る具体的な見本が欲しい。しかも、単なるハウツーものではなく、教師としての本筋を外さないための根底をも示唆してくれるものが欲しいという願いを、わたしはひしひしと感じてきた。そんな中、今一度東井義雄の授業実践から徹底的に学びなおしてみたい、という意欲を強めてくれたのが次の二冊である。

一つは、二一世紀の教師に要請される「実践の中での省察力」を説いたドナルド・A・ショーンの『省察的実践とは何か―プロフェッショナルの行為と思考』。ショーンが強調していることは、東井義雄が長年行ってきた実践と多くの点で重なっているということに気づいた。

もう一つは、授業がわかる教育心理学者としてわたしが以前から注目していた藤村宣之の『数学的・科学的リテラシーの心理学』。ＰＩＳＡ調査でも明らかなように、日本の子どもは答えが一つに決まっている問題を解く学力（手続き的知識・スキル）は高いが、答えが一つに決まっていない問題（深い概念的理解）に対しては弱いという傾向にある。これに対して藤村は、前者の学力を「できる学力」、後者の学力を「わかる学力」とし、ほんものの学力の形成にはこの両輪をバランスよく育んでいくことが肝心だと指摘している。

「わかる学力」を育成するには、子どもが自分自身で「どうして」と問いを発し、自ら知識を関連づけていくような場をまず設ける。この種の問いを、子どもがあれこれと探求し、その結果今ここまでわかったという途中経過をみんなの前に表明する。表明された一人ひとりの子どもの発言に教師も教室のみんなも一緒に耳を傾け合うという協同的探究学習の場を仕組む。そうして「ゆっくり考えてもいい」「物事にはいろいろな考え方があり、自分なりの考えや感じ方でもいい」という価値観を子どもに持たせ、さらに先の協同学習でわかったことを最後に自分でもう一度振り返る学習の場をつくる。以上がワンセットになった授業を展開すれば、今でも小・中・高等学校のどの段階においても、「できる学力」と「わかる学力」のバランスが取れたほんものの「生きる力」を子どもに育むことができる、ということを緻密な心理学的研究手法で実証している。

藤村が主張する学力形成のためのこの授業づくりは、戦前からの生活綴方教師東井義雄が四〇年以上も一貫してやり続けてきた「一人調べ→みんなでの分け合い・みがき合い→一人学習」の授業と同じではないか。生活綴方はもう古いと切り捨てるのではなく、もう一度本格的に東井義雄を学びなおしてみたい、という気持ちが固まった。研究を進めるにつれて、東井義雄はここまでやっていたのかというくつかの驚き、発見があり、感動があった。

どの子も伸びたがっている、学びたがっている。この願いを叶える徹底的な支援が教師の仕事。一人残らずどの子にも生まれてきてよかったという「生まれがい」を感得させてやるのが、教師の務め。子どもにこの感得を成立させ得なかったら、それは子どもに問題があるのではない。教師がその子の「わかり方」に適った教え方をしなかったからだと反省し、新しい教え方を工夫・創造し続けたのが東井義雄であった。東井は、小学校一年生の子どもからも学ぶ。四年生になって名前も書けない子どもからも学ぶ努力を続け、それぞれの子どもに適った教え方の工夫を怠らなかった。昔から言われている「教え上手は学び上手」という格言を地で行ったのが東井義雄であった。これこそ、ショーンが言った「実践の中での省察」ではないか。この事実を徹底的に掘り下げ、豊富な事例で実証しようと試みたのが本書である。

この取り組みの副産物として、生活綴方的教育方法を基盤にした東井義雄の授業づくりは、大学から小学校まで含めて今盛んに強調されている「持続可能な開発のための教育」＝ＥＳＤに多くの点で重なり合っていることがわかったことも、わたしにとっては大きな感動であった。

これらささやかな試みで明らかになったことの一端を、日々授業づくりに励む先生方、これから教職を目指す学生さん、さらには「今の教育、何か大事なことを置き忘れているのではないか」と気になっている方々と少しでも共有できたらという気持ちから、読み易さを第一に考えてまとめてみた。本書から何がしかの示唆をつかんでいただければ、望外の幸である。

本書作成にあたり、中部大学三浦記念図書館、東井義雄記念館には資料収集で大変お世話になった。また、東井記念館の前館長衣川清喜さん、現館長西垣勝美さん、白もくれんの会顧問の宇治田透玄さん、東光寺東井浴子さんからはいくつかの貴重な事実を教えていただいた。ここに記して感謝申し上げたい。

最後に、この出版事情の厳しい中、わたしに本書出版の機会を与えてくださった風媒社、とりわけ劉永昇編集長に衷心よりお礼申し上げる。

人生六回目の申の日に記す

東井義雄の授業づくり　―生活綴方的教育方法とＥＳＤ―　もくじ

プロローグ

三つの仮説

二〇一四年三月下旬、わたしは初めて東井義雄記念館を訪れた。出発地名古屋では桜の花がほころび始めるというのに、ここ豊岡市但東町は雪が舞っている。東井義雄はこのようなところで教育実践をしていたのかと思いながら記念館の入り口の方へ目をやると、そこにあったのは、次頁の詩を彫った碑だった。この詩碑に出会ってわたしは、一瞬、軽いショックを受けた。

東井といえば当然『村を育てる学力』。だから一番目につきやすいところに、『村を育てる学力』という文字がどかっとあるはず。大学学部時代からわたしの頭の中にあったこの固定観念が、大きくゆさぶられたからである。

なぜこの詩碑が入り口に建てられているのだろうか。記念館のホームページに掲載さ

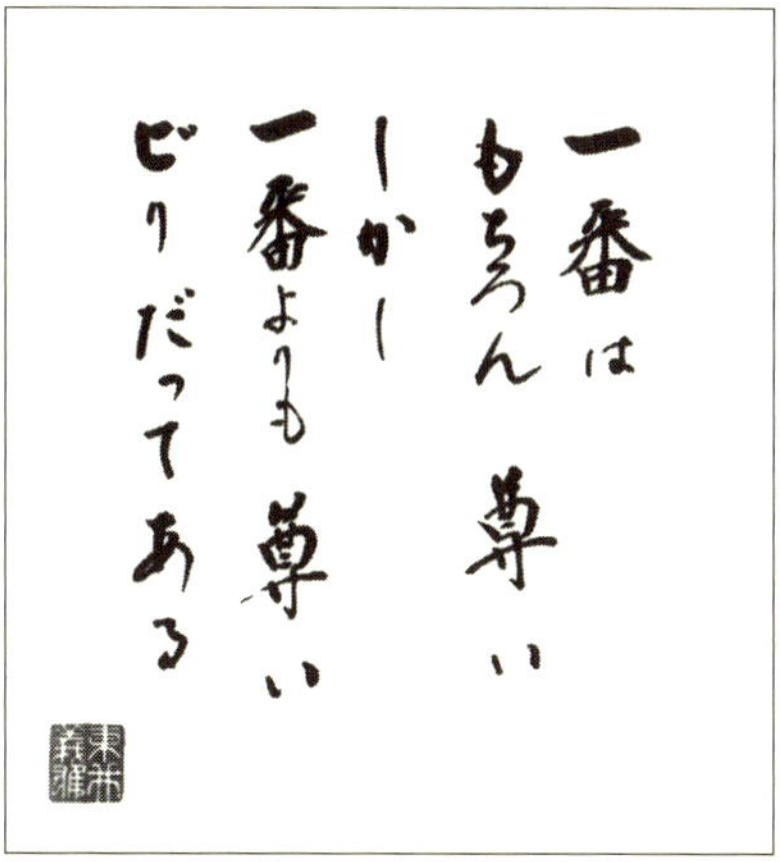

『東井義雄生誕100年追悼文集』より

れている書物の写真を見ても、『村を育てる学力』ではなく『「通信簿」の改革　教育正常化の実践的展開』とガリ版刷りの『評価の実際』が対になったものと雑誌『国語人』、『工程』が出ているだけ。なぜだろう、という疑問は大きくなるばかり。この二〇一四年から大学では特任教授になり、少し余裕ができたので、もう一度東井義雄を徹底的に調べてみようという気になった。

そうすると、いくつかのことがわかってきた。第一には、一九五七年の『村を育てる学力』は、戦後の相田小学校（現豊岡市但東町）での実践が基になっているという常識的な理解が怪しくなってきたのである。『村を育てる学力』の大枠は、すでに戦前、とりわけ、二〇歳で豊岡尋常高等小学校（現豊岡市―以下豊岡小と略記）に赴任して以降の七年間でほぼできあがっていたといってもいい事実が見つかった。これには、戦前の『国語人』、『工程』などが一つのヒントになった。

さらに『村を育てる学力』の目玉の一つともいえる四年生になってもカタカナやひらがなもかけなかったモリタミツが自分の名前を覚え、カタカナ、ひらがなが書けるようになっていく実践や小川哲の「調べる理科」の綴方「だんご」の実践などは、すべてこの豊岡小での実践であった。彼が得意とした相田小学校での学校通信『土生《はぶ》が丘』の原型となる親・子・教師の学級文集『日本の新しい芽たち』が発行されたのは、戦争が激しくなった一九四二年の豊岡小である。これが第一の仮説の検証結果である。

この部分の仕事が一段落した時、わたしは今わが国でも注目を浴びているショーンの『省察的実践とは何か　プロフェッショナルの行為と思考』を読み直していた。そこでショーンは、プロフェッショナルな専門家を特徴づける高度な〈わざ〉がある。その〈わざ〉を、今一度学びなおす必要があるのではないか、と言っている。この言葉に出会ったわたしには、豊岡小時代の東井は、すでにこの〈わざ〉を身に付け始めている兆しがあるのではないか、という新たな課題が生じてきた。本書では、この課題も含めて東井の専門職的な〈わざ〉についても検討していきたい。

第二にわかったことは、東井は、新任当初から周辺部の子どもへの手厚い配慮、すなわち、「教育における平等性」の実現ということに人一倍気を使っていたということである。この東井の教育観を象徴するものが、先の記念館入口の詩碑であり、八鹿小学校での教員全員による通信簿改革であった。平等性の実現という実践は、一九三三年の豊岡小での読方と算術の「移動分団式教育」に始まり、モリタミツの実践を経て戦後の相田小学校、さらには八鹿小学校（現養父市）の通信簿改革へと至る彼の一貫した教育方針（フィロソフィ）であった。だから記念館は、『村を育てる学力』ではなく『通信簿改革』の方がメッセージ性があると考えたのではないか。これが第二の仮説である。

「科学的」なテストによって相対評価で子どもたちを配列して学籍簿を作り、後のために保存していくのが近代学校システムの「近代」と言われるゆえんである。だから教師は、五段階評価で通信簿を作る時に、二人の子どもに5をつけようと思えば、その対極としてどうしても二人の1をつくらねばならない。これが相対評価である。あの子は今学期あんなに努力して頑張ってくれたのに、通信簿には1をつけなければならないということに、明治に近代小学校が誕生して以来、良心的な教師はずっと悩まされ続けてきた。東井が八鹿小学校で行った通信簿改革は、この近代学校が宿命として持たされている―テストをして通信簿で相対評価―していくという近代システムに大きな風穴を開ける偉業であった、と言っても過言ではなかろう。しかも彼には、この教育における平等性を貫こうとする立場は二〇代前半でほぼ確立している。東大名誉教授の坂野潤治は、『〈階級〉の日本近代史』で戦後の革新は「平和と自由」には熱心だったが平等の実現には不熱心であったと述べている。通信簿改革に真正面から本格的に取り組んだ動きがこの時までなかったことも、その一つの現れといえよう。このことから考えても、東井と八鹿小学校の教員が断行した通信簿改革は、画期的であったと言えるのではないか。

もう一つ、なぜ東井義雄とESDが結びつくのか。本書のタイトルをご覧になってあまりにも唐突ではないか、と感じられる方があるのではなかろうか。でもわたしは、東井とESDを結びつける太い糸を発見した。キーワードは二つ。

一つは、『村を育てる学力』。タイトルからもわかるように、子どもが受験テストに強くなり、良い高校・大学に進学し都会へ出て行くような村を「捨てる」学力を育てることを東井は否定する。そして、全ての子どもに堂々と二本の足で立って村（自分たちの住んでいる社会）を「育てる」学力を育むこと（＝人間教育）に専念した。これはもうそのまま「持続可能な開発のための教育」＝ESDではないか。

もう一つは、国語教材「稲むらの火」。「稲むらの火」は、戦前の一九三七年から国定教科書に出てくる。そして、東井は相田小学校でこの「稲むらの火」で五年生の子どもがここまで読み込めるのか、というほどの感動的な授業を展開している。この時東井の授業を受けた前記念館長に直接インタビューしてこの事実を確かめることもできた。さらに、わたしに生じた驚きはこれに止まらなかった。二〇〇四年のスマトラ島沖地震でインド、スリランカから東アフリカ沿岸にまで死者二二万人を超える大被害をもたらした大津波が発生した。翌年には、ジャカルタで津波サミットが開催された。そこでこの「稲むらの火」が津波防災教材として見直されたのである。「稲むらの火」は日本の援助で英語に、後にはフランス語やポルトガル語、スペイン語に翻訳され、スマトラ島沖地震での被災国は言うに及ばず今では南米のチリやアルゼンチンでも防災教材として重宝がられていることもわかった。

さらにもう一つの驚きは、日本の防災研究の第一人者河田恵昭が三・一一の直前に「必ず津波は来る」と警告した『津波災害　減災社会を築く』を出すと同時に、二〇一一年四月からの現学習指導要領に合わせて出版された国語の教科書（光村図書出版）に「百年後のふるさとをまもる」を載せたことである。国定教科書とは違って光村版で河田は、「稲むらの火」の津波の後に主人公の庄屋五兵衛（濱口儀兵衛）が私費を投じて津波対策用の堤防を築いたことに重きを置いている。このように「稲むらの火」に関連することを調べて行けばいくほど、これはもうESDと言っても決して過言ではない、とわたしは思うようになった。

ESD

ところでESDとは何か、その経緯から少し説明しておこう。

二〇〇二年日本政府が国連総会に提案した「国連持続可能な開発のための教育の一〇年」が採択され、それを受けて二〇〇四年にユネスコの「国連持続可能な開発のための教育の一〇年実施計画」の最終案が国連総会に提案された。わが国でも、この計画に合わせて学習指導要領で新たに「総合的な学習の時間」が設けられ、総合学習の学習方法がすべての教科を貫く学習原理であることが強調された。文部科学省のホームページには、日本ユネスコ国内委員会の公式見解が掲載されている。それを簡単に紹介しておこう。

今、世界には環境、貧困、人権、平和、開発といった様々な問題がある。ESDとは、これらの現代社会の課題を自らの問題としてとらえ、身近なところから取り組むことにより、それらの課題の解決につながる新たな価値観や行動を生み出すこと、そしてそれによって持続可能な社会を創造していくことを目指す学習や活動。つまり、ESDは持続可能な社会づくりの担い手を育む教育である。

そのためには、次の二つの観点が必要。

○人格の発達や、自律心、判断力、責任感などの人間性を育むこと
○他人との関係性、社会との関係性、自然環境との関係性を認識し、「関わり」、「つながり」を尊重できる個人を育むこと

(1)ESDの目標

○全ての人が質の高い教育の恩恵を享受すること
○持続可能な開発のために求められる原則、価値観および行動が、あらゆる教育や学びの場に取り組まれること
○環境、経済、社会の面において持続可能な将来が実現できるような価値観と行動の変革をもたらすこと

(2)育みたい力

○持続可能な開発に関する価値観（人間の尊重、多様性の尊重、非排他性、機会均等、環境の尊重等）
○体系的な思考力（問題や現象の背景の理解、多面的かつ総合的なものの見方）
○代替案の思考力（判断力）
○データや情報の分析能力
○コミュニケーション能力
○リーダーシップの向上

(3)学び方・教え方
○「関心の喚起→理解の進化→参加する態度や問題解決能力の育成」を通じて「具体的な行動」を促すという一連の流れの中に位置づけること
○単に知識の伝達にとどまらず、体験、体感を重視して、探究や実践を重視する参加型アプローチをとること
○活動の場で学習者の自発的な行動を上手に引き出すこと

少々紹介が長くなったが、ここに挙げた事項が東井の実践とどけだけ重なりがあるかを具体的に検証することが、つまり東井とＥＳＤを結びつけることは決して唐突でないことを明らかにすることが、第三の仮説である。

本書の目標は、これら三つの仮説をできるだけ丁寧に実証的に検証しながら、生活綴方教師東井義雄の実践、とりわけ授業実践という名峰の頂きが見渡せる六合目付近までのルートを拓くことである。

第一章　『村を育てる学力』の原風景

1　生活綴方との出会い

いつから

東井義雄『村を育てる学力』は、彼が兵庫県合橋村立相田小学校（現豊岡市但東町、一九四七〜一九六一年在職）で行った教育実践が基になっているというのが一般的な理解である。しかし、その原風景は戦前・戦中にまでさかのぼれるのではないか、というのがわたしの仮説である。それを実証的に検証することが、本章の目的である。検討の対象は、一九四五年（敗戦）までに限る。したがって、『村を育てる学力』が上梓されて以降、彼の「教科の論理と生活の論理」を巡ってなされた膨大な諸論考にまでは本格的にメスを入れないことにする。ただ、ほんものの学力（＝かしこさ）は、この両論理のリンクなしにはあり得ないという東井の授業観、いわば［原「教科の論理と生活の論理」］は、一九五〇年代末からではなく、すでに一九三〇年代からその萌芽と言えるものが生まれていたという事実を探りだすことである。

『村を育てる学力』を戦中・戦前にまでさかのぼって追求している先行研究で注目に値するのは、一橋大学教授木村元「東井義雄の戦中・戦後経験とペダゴジー」である。そこで木村は、「東井の戦後の教育実践は、敗戦後きわめて早い段階に形づくられた枠組みのうえに展開している。…（中略）…戦中までに獲得したペダゴジーを反省的にとらえた実践ともとらえられる」と述べている。そして「戦前においても東井の実践は学校での教師と子どもにだけ単純に閉じられていたとは言えない」と言う。別言すれば、本章の目的は、①木村が言うこの「戦中までに獲得したペダゴジー」を教育方法学的な視点から究明する、②「学校での教師と子ども」にだけ閉じられていなかった証拠を探しだす。さらに③として、木村はその枠組みは戦後きわめて早い時期と推定しているが、わたしはそれよりももっと早い戦中、つまり彼が二五、六歳ころまでにほぼ固まりかけていたのではないか、と考えている。この点を確認する。

「はてな?」と疑う

東井義雄は、『村を育てる学力』（『東井義雄著作集1』明治図書、以下『東井義雄著作集』の場合、著作集1などと略記）の「解題」で次のように述べている。

私には、頭の毛の先に知識のきれはしをくっつけていくような 学習指導ではなくて、子ども自身の「はてな?」「なぜかな?」「こうしてみたらどうなるだろうか?」と実際にやってみる。…（中略）…「でも、いつでも、どこでもそうなるのか?」と確かめてみる。その証拠を踏まえて、大きく「なるほど!」とうなずいていくような学習こそ、ほんとうの「学習」である、という考え方が、ずいぶん早くから私の考え方になっていたようである。

何事をも「はてな?」と疑ってみて、自分（たち）で確かめてみて大きく「なるほど!」とうなずいていく学習が東井特有の学習法である。この学習法が「ずいぶん早くから」とは、一体いつごろからなのだろうか。さかのぼって調べてみると本当に早い。

東井は、一九三二（昭和七）年に姫路師範学校を卒業し同年四月に二〇歳で兵庫県豊岡町（現豊岡市）の豊岡尋常高等小学校（以下豊岡小と略）に赴任する。翌年四年生の学級担任になって以来と推測される。その根拠は、以下の四点である。

⑴着任時、豊岡小は児童数が尋常・高等科合わせて一七六八名、学級数三七、教職員四三名とこの地域の中心校。豊岡小は、一九二二年に但馬地方で初めて建てられた和洋折衷型の鉄筋コンクリート建築である。翌年彼が四年の学級担任になった時、豊岡小では、「読方」と「算術」だけ三年時の成績により、四年から能力別にA、B（男女二組）、C_1、C_2の四段階に分け、成績により学期毎に移動できるいわゆる「能力別移動分団学習」が行われていた。彼は、志願して「読方」の最下層のC_2分団を担当する。C_2分団は、モリタミツのように自分の名前も書けない子どもが四人もいる「遅進児学級」（東井）三五名であった。ここから①C_2分団を自ら志願する彼特有のセンス（どの子どももかけがえのない子ども＝平等性）と②『村を育てる学力』でも問題にされるモリタミツに関わって、「教科の論理」と「生活の論理」の両方を押さえないかぎり、ほんものの学力（＝かしこさ）はつけられないという教育観を確立していく契機が窺える。

(2)持ち上がり学級が五年生の時のこととして、彼は以下のように記している。

いろいろな教科目の学習は、子供の生活を本当の意味で太らせてくれるのでなかったら意味をなさぬ。…（中略）…生活自体に統制吸収されることである。だから僕は、常に子らに次のようなことを言う。

〈学習・勉強〉・みんなたちここは勉強綴方の部屋だ、みんなが学校での勉強や、家での勉強をどんなにほんとうに自分のものにしたかを話し合い、みんながみんなでえらくなろうとするへやなのだ。自分の研究をみんなに役に立ててもらおうとする部屋なのだ。

（つまり）一年中、一日も休まず毎日行儀よく教室で本をひろげていても、勉強したことにはならぬ。先生の言葉や本に書いてあることを、丸で暗記したところで勉強したことにはならぬ。本当の勉強は、自分の内面からわかりたくなり、しらべたくなって、ぐんぐん体全体でわかろうとし、わかって行くのでなければならぬ。頭の先だけしか働かない様な勉強は本当の勉強ではない。僕の教室では、「生活する」「太る」ということは「生活を綴って行く」ことだ…（中略）…その「生活の綴り」を大事にすることが「綴り方」だということになっている。だから「働きのくらし・あそびのくらし・勉強のくらし、それらのくらしを大事にし、がんばろうとせぬ者は綴り方の駄目な者だということになっている。

ここからは、「学習は、子供の生活を本当の意味で太らせる」「太って行く」とは、「生活自体に統制吸収されること」である。「頭の先だけしか働かないような勉強は本当の勉強ではない」「『生活する』『太る』ということは『生活を綴って行く』ことだ」と、後の「生活綴方的教育方法」のいくつかのキーワードを読みとることができる。

(3)もちろん、この(2)にまで順調に進んだわけではない。東井は、C_2分団はもとより担任学級でも思うように授業ができず、学年主任の浅田正雄に教えを請う一方、豊岡小の若い同僚たちとの自発的な「授業の試合い」で相互に授業を見合い、相互批判をし合いながら互いの授業観・教育観を鍛えていく。彼が後に「私がおぼろげながら、『教科の論理』と『生活の論理』というようなことを考えるようになったのは、町の学校（＝豊岡小

――引用者）で、若い者仲間で、『授業の試合い』をやりはじめた頃からではないかと思う。…（中略）…その頃、野村芳兵衛先生の著書にめぐりあう…（中略）…野村先生の『身体的・生物的・本能的必然を踏まえて教育実践が展開されねばならない』という考え方のあたりから、徐々に『生活の論理』という考え方を育ててきたようである。」と記している。

先輩教員に教えを請い、同僚と「授業の試合」を積み重ねることによって、自己研修に励む東井の姿が窺えよう。彼が、この「授業の試合」で一番悔しい思いをしたのは、「あなたは授業は下手だ」とか「まだ綴方教育になってない」ということではなかった。そうではなくて「あなたの授業は教育になっていない」と批判される時であった。そんな時には必ず、「もう一度試合をさせてほしい。今度は教育になっているはずだ」とリベンジの機会を求めるのが東井であった。

(4)そのころ但馬地方の綴方教育のリーダーであった浅田からは、出隆『哲学以前』を勧められる。東井は「この書で『立場』ということを教えられた。人のものの見方、考え方、生き方は、いつでも、その人の立っている『立場』に規制されるという考え方、立場の相違が、人間のものの感じ方、思い方、考え方の相違になるということが、何か、開眼されたような感動で私に迫って来た」と記している。東井のこのような思考の仕方、認識の仕方は、出の造語「哲学する」ということにあたる。こうしてこれら「ものの見方、考え方、生き方」というタームは、後に彼の「生活の論理」のキーコンセプトになっていく。彼は、また当時勃興し始めた「北方教育運動」の国分一太郎、鈴木道太、村山俊太郎らの実践記録も猛烈に勉強し、やがて自分も中央の綴方関係雑誌に投稿していくようになる。

出隆『哲学以前』

ここで少しより道をして、東井が開眼させられたという感動の書『哲学以前』をのぞいてみよう。本書は後に東大の哲学教授になる出が二九歳の時に出版したもので、当時の哲学青年の愛読書であった。出は「立場」ということを次のような例で説明している。

○我が家の庭に松の木がある。その松の木を私は初めて訪れる友人に対して、「橋を渡ると左手に見える松の木を目当てに来い」と言う。—松＝我が家を示す目標。

○私はこの松の幹に朝顔のつるを巻きつかせる。—松＝朝顔棚
○たまには松葉掃除をしなければならない厄介な代物。—松＝厄介な代物
○妻から見れば二階の窓から出す長い洗濯竿のもう一方の支え。—松＝支え。
○子どもから見れば良い木のぼりの遊び道具。—松＝遊び道具。この場合、誰にも、普通には松の木という言葉で考えられるが、しかも同時にこの同じ松の木が、色々の意味に解せられ、色々に思われ、色々に感じられ色々に欲せられ使用されるなどしていることを知る。すなわち同じ松の木が色々の立場からいろいろに見られているのである。

東井が感動したのは「この松の木は？」という教師の問いに対する子どもの答えは松の木に対するその人（子ども）の「立場」によってこのように多様であることを常に胆に銘じておく必要がある。この認識がベースにあって、子どものいかなる発言も一旦は受け止めて、この発言はどんな「立場」から発せられたのかを教師は「哲学」しながら授業を展開していかなければならないという東井独特の「授業観」につながっていったものと思われる。これから詳しく触れていくが、彼の授業観の中核をなすのが、

［教師は子ども一人ひとりの答え＝反応に応じて直前の自分の処方を省察しながら次にとる自分の処方を微調整し変えていかねばならない］という今日にも通用する［実践の中での省察］（ショーン）なのである。

2　雑誌論文から見えてくるもの

生活綴方との出会い

話を本題にもどそう。生活綴方と出会った東井の初期の雑誌論文（新任六年間）から、彼が実践した生活綴方教育の一端を洗いだしてみよう。この間、校務分掌上は一九三三年から担任学級と「読方」C^{2}分団を四、五、六年と持ち上がり、三六、三七年度は高等科（今の中学生）を担任する。以下に再々登場する「いのち」は、『学童の臣民感覚』（一九四四年）にある「国史を礼拝する臣民のいのち」のそれにつながる内実をまだ含んでいない時期である。

「現実からの発足」(兵庫県綴方教育人連盟『新興綴方精神』一九三五年)で、東井は「考えねばならぬものを考えることが僕たちの世界では危険視される」とすでに当時の生活綴方教師に加えられ始めた圧力（軍国主義化が進む中、後に特高─政治警察─により、北海道綴方連盟、北方性教育運動などで活躍する生活綴方教師を左傾教員、治安維持法違反とでっち上げ、一斉に検挙・収監していく。その中には東井が憧れた国分一太郎、村山俊太郎、鈴木道太らがいる）を察知している。そして、

僕たちは詩を、僕にとっても子供たちにとっても、この現実の足場からむせあがってくる環境的な諸矛盾や、どうにもならぬ重々しさで迫ってくる生活事実を身を以て生き抜き、己の肉体的な生活力にとかし込み前進しようとするパトス的な叫びであらしめようとする。どうでもいいものを否定して真実に我が身のいのちにかかわってくるものにぶつかり、それにかかわる生きた弾力ある、しかし真実につながる心の渦を大事にし、それを育て育もうとする。僕たちは子供と共に現実にしりをまくることを恥と考える。

と、教師が子どもと共に現実に対決していく姿勢（＝綴方を書く姿勢）を打ちだしている彼の綴方教育は、「教室組織と綴る組織」（『工程』第二巻第四号、一九三六年）では、

綴方の要る教室は話のある教室…（中略）…話を聞き合う教室、聞くことにより、喜びを共に喜び、悲しみを共に悲しむ教室、掘る生活営為を共に働く教室でなければならぬ。

一人が計画し一人が命ずる教室であってはならぬ。…（中略）…綴り方はもう、単なる教師への遊戯報告であることをやめて、自ら呼びかけ進んで聞き、協働するために叱り合うことのために持たれはじめた。生活を広げることがこのように生活をひろげ、広げられた綴ることの仕方が又生活をくり広げて行った。

こうして「己の研究を皆に役立たせようとする彼等の意欲は研究物となってあらわれ始める。」そこで東井は「わかったこと、が、らをわからせるだけではなく、わ、か、り方（わかる過程）も語れ。」「どうもおかしい、おかしいからどうした。どうなったから又どうした。」「わかり方を皆に役立てると共にいいわかり方を研究する」という指導を展開して

いく。そうして「教室組織が或段階に達すると、彼等は新たに己を見はじめる。公式的うすっぺらさを自ら叱り始める。『どうも理屈に合わぬ』という生活実践の矛盾。『これていいのか』という内省。『何故という理論』までをも問題にする」ようになる。「真実の己に目を向け始めた子等は日常己をとりまく生活現実の渦をこそ粗末にしてはならぬと気付づきはじめる。現実を生きる生きた力、叫びをこそ育てようとしはじめる。」東井はそれを「詩だ」と言ってやり、「そいつでみんなの中に飛び込め、そいつで協働するんだ」と励ます。こうして「彼等はこれによって生活のいのちと、いのちのあることばを知る」ようになっていく。

わかる過程も語れ

この時期になると、東井の子どもたちは綴方を書くことで「生活を掘る営為」を始めていることがわかる。「話のある教室……話を聞き合う教室、聞くことにより、喜びを共に喜び、悲しみを共に悲しむ教室」と、綴方の指導と学級集団づくりとが統一して捉えられていることがわかる。また「わかり方（わかる過程）も語れ」「研究物の作成」「いいわかり方を研究する」から、東井の綴方が「調べる綴方」で授業と密接に重なっていることも読みとれる。これは、後に「生活綴方的教育方法」として整理されていく綴方指導を東井流に授業の中で実践し始めた証拠といえる。

豊岡小で彼が四、五、六年と持ち上がった担任学級も「読方」C^2分団ほどではないにしても、よい子の集まりではなかった。「生活分団の心理的な組織から―この子らの綴方のあるいたあと」（『工程』一九三六年）によると、学級は次のような状態であった。

> K（級長）の妙に苦しげな（きょつけーい）に俺のいらいらははじまる。T（副級長）が俺に似てくる（静かにせい）とっぴょうしもなく大声でどなるT、そして考えぬ輩はさわぎをやめぬ（教室手帳）。毎日の様に子供等は喧嘩をした。…（中略）…綴方もひからびている（学級）。教育愛なんて殊勝な奴が、どうしてこう俺には宿ってくれぬかと考えると…（中略）…子どもたちを心からぶんなぐりたくなる（学級）であった。

この子どもたちを相手に綴方教育を続けて、「僕は生活観照の深さ等に疑問を感じはじめた。綴方が（子供と共にある）ということは、そのように美しいことでなくてもいい

昭和13年の卒業写真（女）

昭和14年の卒業写真（男）
（『目で見る豊小百年史』より）

と思い始めた。そして（一体俺のやっていることが、子供に何を付け加えるか）。という自問が俺を苦しめてくれるようになった。（何になる）という問いは常に前進のガソリンである。人好きのせぬ、ひからびたとげとげしい僕の教室にとって、せねばならぬことは、個人的な彼等のとげとげしさを、そのはげしさのままで、…（中略）…協働的に組織することであった。そのはげしさのままで、ぐんとかたまる…（中略）…愛情を訓練することであった。」と東井は自覚する。この自覚を彼は次のように説明している。

生活分団の心理的な組織、それの中での一人々々の意欲性と協働性のはげしい吟味、そしてそれと僕の綴方を協力させること、それが新しい僕の忙しい仕事であった。子供たちは同じように怒号したが、怒号の姿勢がすぐ検討された。喧騒が組織をもってきたということはうれしいことだった。子共たちは窓のとをあけて詩をさがすことを止めた。自分のなかに吐き出さねばならぬ感情がうづうづと燃えていたからだ。又はやったことの報告綴方をとびだして来た。一人々々の生活の仕方がもっと熾烈に教室の問題であったからだ。

という段階にまでもっていく。ここに「窓のとをあけて」という文言が出てくるが、これは、当時の豊岡小のハイカラな西洋風の観音開きの窓の戸のことを指す。昭和一三、一四年の卒業写真のように、高等科の男子生徒は国防服、女子はセーラー服が制服であった。このような軍国主義的な風潮の中で、

東井の先のような生活綴方への自覚に対して、

先生、あんまり本ばかりこう（買う）ていたらこまりますぜ。服は一つしかないというのに、何で本ばっかり買うんです。…（中略）…先生はえらくなりたくないかの

ようですね。ただ綴方や生活でえらくなっておられる。

（文集『雑草の如くに』より）

という綴方を書く子どもも現れてくる。先の「新しい僕の忙しい仕事」とは、毎朝提出される子どもたちの綴方を彼らが下校するまでの間に、彼らが次を書きたくなるようなコメントを記すという実に忙しい仕事のことである。

童心主義＝教師の子守歌

こうして、『赤い鳥』などに象徴される「童心主義」から決別した東井は、生活綴方は「子ども大衆の道」だと悟る。「切実に子供大衆と協力し、そしてその上に、更に子供大衆を指導し方向づけるという大きな任務がせおわされ」ていると自覚する。だから「生活性の吟味」（『教育・国語教育』一九三六年）では、次のように記して身を引きしめている。

綴方に於ける生活性は、単に「生活に即く」ことから「生活させる」ことを新しく企図せねばならなくなった。…（中略）…子供大衆自らの生き方に綴方を協力させようとする段階が既に開始されているだ。…（中略）…生活を組織するということ、綴方を生き方に協力させるということは、生やさしいことではない。

「童心主義への訣別」（『工程』第二巻第一一号、一九三六年）では、

童心なるものはプチ・ブル・インテリ層の児童の無邪気さとあどけなさに過ぎなく、綴方作品の乱れた文の間に、稚拙な誤字の列の中に、子供の人のよさが甘やかされていたに過ぎなかった。

ことを東井は識る。こうして、「（童心主義は）決して子供のためなどではなく、教師自らの子守歌のために歌われた」ものに過ぎなかった、ということを認識するようになる。東井は、その後二年間高等科を担任するが、その子どもたちは、野蛮人のように喧嘩をし、罵り合い、小さい子どもの戦争ごっこの大将になって…（中略）…走り回る毎日を送っていた。彼は言う。

彼等の生活（はつらつと旺んであるが…（中略）…殆ど組織というものを持たぬ、強くはあるが殆どやりっぱなし）に組織をあたえ、やりっぱなしの彼等の「綴り」（泣き、叫び、働き、学ぶ、人々の生活を私はそのまま一つの綴りだと考えている）に「綴り方」（生き方）の途を付けようと考えた。（つまり）吐き出されたまゝの日々の生活、やりっぱなしの儘やがて忘れられ捨てられて行く彼らの行動に愛情の眼を向けさせ、そこから健康な「生き方」を発見させたい、と「念願」し、彼等の平板な「綴り」を「綴り方」にまで成長させようとした。

そして東井は、呼びかける。

みんなは、毎日を粗末にしすぎる。勉強をしながら、いろいろなふしぎに気がついても心の奥底にひゞいてくるものにぶつかっても、みんなはそれをすぐ忘れてしまう。働きながら勉強したこと、考えたことがあっても、それを大事にしようとはしない。石垣を築くように、それらのねうちのある生活を築いていく、決心はないか。

と。自分の生活記録の一山を子どもの前にデンと積んで見せる。ここからは、彼が生活綴方で、子どもたちに何を書かせたかったのかということと、「勉強をしながら」が「働きながら」より先に出て来る東井の特徴も窺える。

「倍返し」

目の前に積まれた生活記録（＝東井の日記）の山に刺激を受けて彼らの「日記は始まるが、これも二ヶ月も経つと、品切れになる子どもが出てくる。そこでとった東井の対応が、独特であった。東井には、彼らの綴方のネタが品切れになる原因がわかっていた。体重や身長では大人を追い抜く者も出てくるが、彼等はまだチャンバラに心惹かれる程の「子ども」だった。「生活（綴り）を大事にし、それを生き方（綴り方）にまで高めるということが、頭では承知出来ても、彼等の生活の現実にはいささかも、必然性をもっていない」ことを識っていた。だから、この綴る「必然性」を生じさせることに教師が成功すれば、子どもに「日記」を続けさせることができるはず。東井は、綴る意欲を喪失している子どものノートに「もっともらしい指導言を付す」ことを止める。そして「以前よりは更に、がむしゃらに雑談していく」ことを始める。子どもが一枚書くなら一枚半の雑談を書きつける。このペンの雑談は効能顕著であった。これを書きつけて欲しさに意欲を再燃させる者も出てくる。「私の雑談の次に更に長い雑談を書きつける子も出て来る。」そして「おい先生」と呼びかけながら彼等の「生き方」の問題を語りはじめるようになった。その結果、この雑談のし合が、「新しい僕の忙しい仕事」の内実となっていく。ここにも、先に少し触れた実践の中で省察する教師の萌芽がうかがえる。

［もっともらしい指導言→雑談を書きつけるへと処方を変える］

子どもたちの「綴り」を太らせ、そこから「生き方」を発足させようとするなら、教師はどうしてもこのような「雑談がし合える」組織を考えなくてはならない、という認識に東井は達したのである。この組織の問題で一番大事なことは、子どもの「綴り」を「問題にしてやること」である。学級の問題あるいは教師の問題にしてやる。とにかく「問題にする」ことが一番肝心だと東井は悟る。実際、東井はこれら高等科二年生の「性」の問題を「教師の問題」として共に考える論文を何本か書いている。戦前とは時代が違うと生活綴方を否定する前に、子どもの「綴り」を子どもが太る「綴り方」にしていく必然性に関して、東井がとった先のペンの雑談の方法は、今日からみても学ぶに値しよう。

以上が、東井が新任六年間で到達した生活綴方的教育観である。授業に密着した東井特有の生活綴方教育の基盤はこの時期にほぼ確立しかけていた、とわたしが判断する理由である。

3　周辺部の子どもから学ぶ

生活環境を生きる子ども

本節では、最初に断ったように〔原「教科の論理と生活の論理」〕として検討を進める。そして東井がこの両方を押さえる必要性を認識せざるを得なくなった事実を、新任から六年間の実践例から取りだして検討してみたい。彼は、C２分団と自尊感情を失いかけている高等科の子どもを教えて多くのことを学ばせてもらったと度々述べている。結論から言えば、子どもにほんものの学力（＝かしこさ）をつけるにはどうすればよいかと何度も立ち往生する中で、それは子どもの頭が悪いのではなく、教師が彼ら一人ひとりの「わかり方」に合わせて対応のし方を変えることができないからだと悟る。つまり、子どもは、一人ひとり「わかり方」が異なる。だから「つまずき方」「まちがい方」も異なる。とすれば、子ども一人ひとりのその「つまずき方」「まちがい方」がわかれば、教師はその子どもたちにもわからせることができる、すなわち教えること、少なくとも教えるきっかけをつかむことができる、ということに気付いたのである。これは、その後の東井の教育実践・授業実践を方向づける大発見であった。

彼にそう気付かせてくれたのが、綴方である。この事実を彼は、「（あの時）『綴方』に出あわなかったら…（中略）…私はコチコチの詰め込み教師になってしまっただろうと思う。」と後に述懐している。『綴方行動』（一九三七年）の「子供の論理と教育の論理」で、

子供はどんな場合でも、彼の生活環境を生きるものとして理解されねばならない。しかもそれは、世界史が一つの過程として理解されねばならぬ様に、過程として理解さ

れねばならぬ。往年の童心至上主義の何よりの誤謬は、子供が現実を過程的に生きるものであることを理解しないところから始まる。

と記している。子どもは「彼の生活環境を生きるもの」として、しかもそれは「過程として理解」されねばならない、という東井の子ども理解の基本原理が示されている。以下この基本原理を具体例を介して少し詳しく検討していこう。

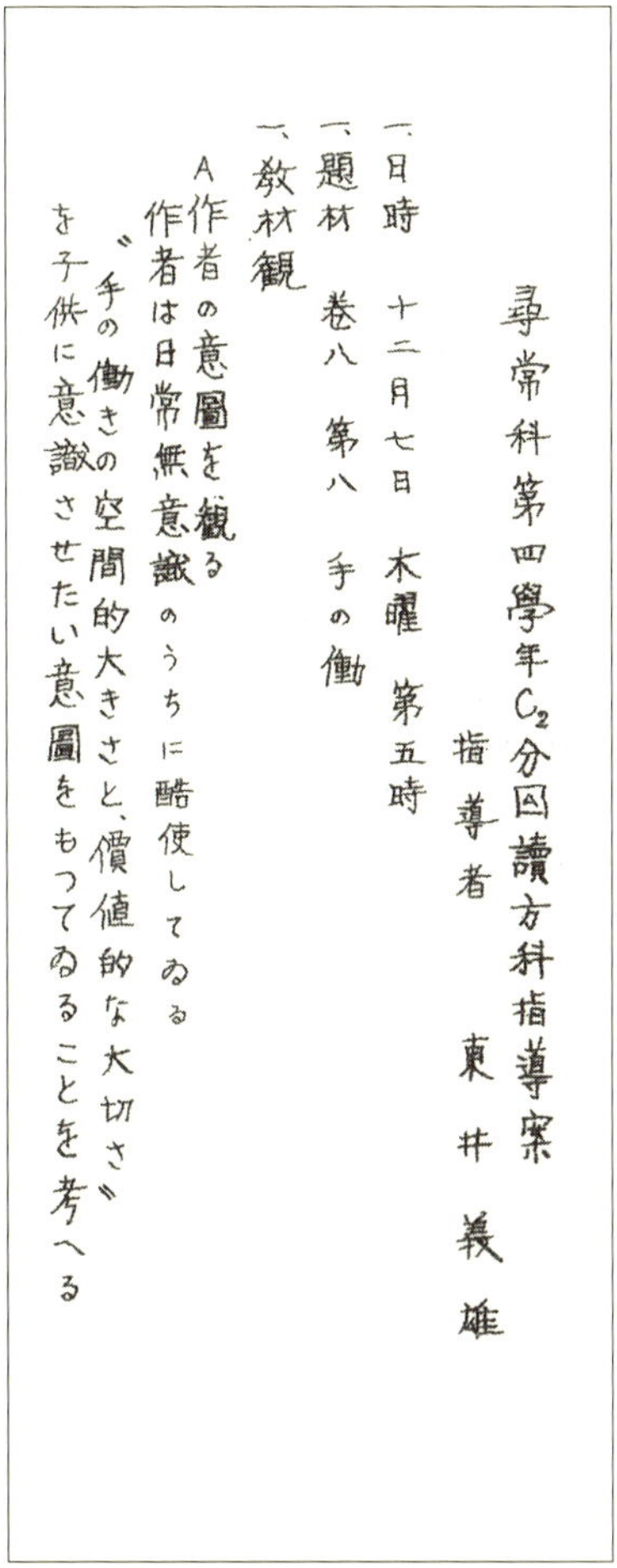
尋常科第四學年C_2分団讀方科指導案

指導者　東井義雄

一、日時　十二月七日　木曜　第五時

一、題材　巻八　第八　手の働

一、教材観

A作者の意圖を観る

作者は日常無意識のうちに酷使してゐる

〃手の働きの空間的大きさと、價値的な大切さ〃

を子供に意識させたい意圖をもってゐることを考へる

（東井義雄記念館所蔵）

モリタミツの事例（一九三三年）

本事例は、『村を育てる学力』など戦後の諸著書で東井が何度も言及している。四年になっても自分の名前も書けない彼女を放置しておくことができなかった東井は、まず、名前の〈モ〉から始めて、〈モ〉が済めば〈リ〉という順に〈モリタミツ〉を覚えさせようとした。ところが、二ヶ月たっても彼女は最初の〈モ〉すら覚えてくれない。しびれを切らした彼は、三ヶ月目のある日、彼女より少しはましな他の子のために「馬」の話をする。その時板書された「馬」の字を見て、彼女が「せんせい、あそこに書いてある字、パカパカお馬さんの『馬』という字ですなぁー」と叫んで東井を驚かせる。彼は「ミッちゃんが字を覚えた！」と飛び上って叫ぶ。「馬」という字には、「パカパカお馬さん」の面白い話がこもっている。それに比べて、〈モ〉は味もそっけもない。その後、ダメ元でいいと思って、彼は〈モリタ〉と板書し、「ミッちゃんよ、これはねあんたの字だぞ」と言っておく。と翌日、彼女はその板書の〈モリタ〉を写した紙を持って来て、「せんせい、これ、わたしの字ですなぁ」と言った。

［東井の分析］

自分は最初「教科の論理」をがむしゃらに進んだが、彼女に自分の名前を覚えさせられなかった。これは、「教科の論理」をたどったことが間違いだったのではなく、「教科の論理だけ」をたどったことに誤謬があった。もう一つ大事なこと、つまり、「子どもの太り方の生活の論理」も同時にたどらなければ、子どもは太ることができない、ということを忘れていた。

[筆者の分析]

この事例で東井は、彼女に〈モ〉から初めて、それが済めば〈リ〉、そして〈タ〉と一段一段昇っていかなければ子どもの力は育たない、それには難しい漢字より易しい〈カナ〉が先と考えていた。自分の名前の最初の〈モ〉は、彼女から見れば、意味を持っていない。だが東井は、まず〈モ〉から始めるのが先で、〈モ〉が済めば〈リ〉という風に詰め込もうとした。その時彼は、これが「教科の論理」にそっていると考えていた。だが彼女から見れば、無意味なものを無理やり覚えろと詰め込まされる「やらされる学習」、「ドリル」でしかない。一方、〈馬〉は先ほど先生が話してくれた面白い「パカパカお馬さんの『馬』」である。彼女にとっては、今まで単なる記号であった〈馬〉という字が面白いお話の〈馬〉という意味を持った。単なる記号が、自分にとって意味のある字、あの面白いお話の〈馬〉だということがわかったのである。彼女にとって、字は意味をもっているということ（＝本質）が彼女なりにわかったのである。だから「ダメ元」のつもりで東井が〈モリタ〉と板書し、「ミッちゃんよ、これはねあんたの字だぞ」と言ったことが契機になり、〈モリタ〉は単なる記号の集まりではなく、わたしの名前を表わす〈モリタ〉という意味がある字だと彼女にはわかったのである。

もちろん、このわたしの分析は学問的には厳密性と客観性欠くかもしれない。しかし、学問的な厳密性と客観性を欠くからと、東井の「教科の論理」と「生活の論理」を切り捨ててよいのだろうか、という疑問が今も強く残っている。東井は大学の研究者ではなく、一人ひとりの子どものかけがえのなさを最も大事にする実践家である。実践家は、論理の厳密性や客観性よりも、各々の現場で適切性をこそ大事にするのではないか。これが高度でプロフェッショナルな職人性ではないのか、と考えている。この点については、さらに本書で検討していきたい。

太陽さんと「アルキメデスの原理」（5年生「読方」）

「太陽」の単元に入った時、C_2の子どもたちは漢字の多い「黒い教科書」は嫌だと言いながら、次のような会話をし始める。

太陽さんは雨がふったらどうしとんなるだろう。
笠きとんなるだが。雲っとる時に見えようがな。
大きな傘だろうか。
それは大きいとも、太陽さんは地球よりも大きいだで。
太陽さんは何たべとんなるだらあ。
あほう、太陽さんは人間とちがうのだよ。
それでも、なにか食べとんなる気がするわいや。
太陽さんはなんで晩照っとんなれへんだいや。
晩は疲れて、お月さんと交換しなるだが。
うそを言え。晩はよその国の方を照らしに行っとんなるだで。

［東井の分析］

この狭さこの貧しさ（精神的—引用者）を尚「神」というのであろうか。「尊い」と言うのであろうか。僕たちのせねばならぬことは、貧困を神秘化して感傷することではない。「ほほえましいもの」或いは時に「馬鹿々々しいもの」を充分認めながら、それを「後代への推進力」として組織することである。ほゝえましいものを太らせ、馬鹿々々しいものを、現実消化の彼の過程に即して変革することである。

東井はここで、先にも触れたように童心至上主義から決別し、「ほほえましいもの」「馬鹿々々しいもの」を充分認めながら、しかしそれを「後代への推進力」として組織しようとする。が、実際の授業では「生活の論理」と「教科の論理」の隔たりがあまりにも大き過ぎて、「生活の論理」にたぐり寄せながら子どもに「太陽」という説明文の内実である「教科の論理」をいかにして消化させるかに困ってしまったというのが現実であったのだろう。子どもが軸足を置く「生活の論理」が、余りにも狭く、貧困であるためである。だとすれば、「生活の論理」が広く、豊かでありさえすれば、「アルキメデスの原理」さえ教えることが可能ではないか、と東井は考えた。次がその事例である。

遅進児たちが同類集まって、水遊びをしていた。やかんの中に手をつっこんで、きゃあ、きゃあ言っている。手の体積だけ、やかんの口から水が流れ出るのを喜んでいるのである。私が寄っていくと、中の一人がいう。「わあ、先生にはかなわん」何のことかきいてみると、今、その四、五人で、やかんの中に、手をつっこんで、だれがやかんの水を一番たくさん出すか、競争しているところだという。そして、先生の手が大きいから、水がたくさん出るにちがいない。手の小さい者はあかん、というのだ。彼らが、アルキメデスの原理などということばを知っているはずはないのだが、彼らは、それを、頭ででなく、小さいにぎりこぶしで見つけだし、感じとっているのだ。

そして東井は、「外から与えようと力むと、だまってしまい、いのちにふたをしていく子どもたちも、内にはぐくんで太っていく芽をもっているのだ。それを育てなかったら、勉強の力は育たない。内から太っていく芽を育てるためには、やはり、子どもの側に立って、その生活を耕し、育てるより道はない。」と言う。この「子どもの側に立って、その生活を耕し、育てる道」が、東井の「調べる綴方」、「くらしの綴方」であった。これが、彼特有の教科の学習と連結する生活綴方実践である。ショーンが注目する高度な職人性にからめて言えば、この子どもたちは、

「アルキメデスの原理を頭ではなく、握りこぶしで発見している→これは教科の本質につながる「ねうち」がある→授業で使える」

ということを見抜く東井のセンス〈＝わざ〉である。

4　かしこさを求めて

書くこと＝探求すること

東井が子どもに綴方を書かせるのは、子どもたち相互がもっと内面的につながるためであり、彼らの眼を潤いあるものにするためであり、子どもたち一人ひとりがわかっていく過程をみんなでわけ合い・磨き合うためであった。東井がほしかったのは、「みんながみんなでわかりあえるような世界、言いわけをしなくても弁解をしなくても、なにもかもごっそりとわかってくれる世界、叱ったり腹を立てたりなんかしなくても、それよりも先にごっそりとわかってやれる日、そういうものが私には第一義のものであった。」だから「わかってやれたらそれを書こう、書いてみんなにもわかってもらおう。自分のわかり方を聞いてもらおう。もっとほんとうのわかり方が出来るようになろう」と彼は語りかける。そしてそれが「童話」（＝綴方）指導になる。この指導の結果を彼は、「童話指導によって、子等に、生きることの本気さ真剣さがもたらされたということは私にとって大きな収穫であった。」と記している。この指導の結果、子どもたちは「（彼が）私費を投じて購入した学級文庫の書物を熱心に読む」ようになる。「子等は自ら書くことによって、如何に読むべきかを了解していったのである。書くことが探究することであるとわかった彼たちは、読むことも探究であることを自覚した。」

彼がねらった究極の目標は、「童話指導によってもたらされる、生活の構想力組織力の伸長である。…（中略）…構想力には内発的積極的計画力構想力整理力等のあらゆるものが参加する。構想力は別の言葉で言えば、『明日』をつくりだす力である。『今日』に耐え『今日』を打開し『明日』を編成する力である。…（中略）…『童話』という方法は、明日を綴る方法だからだ。」という整理は、注目に価する。「今日」を打開して「明日」を編成する「構想力」こそ、彼が求めた「かしこさ」の内実である。具体事例で説明しよう。

「柿の研究」藤原の事例（五年理科）

［たねの中］　西田君が小刀のさびをふいて、柿を二つに切った。するとたねがたてに切れて、（はい）が、しゃくし菜の小さいののようだった。しゃくし菜のようなのは葉が二枚あった。どれも二枚あるのかと思い、又種をわってみたら、又二枚だった。なぜ二枚に決まっているのだろう。養分がよけい行き渡ったら三枚ぐらいにならないのだろうか。そう思いながらもう一つわってみたら、又二枚だった。はてな、養分を送るすじが、きまっただけ養分を送ったらもう次のに渡してしまうのだろうか。考えれば考えるほど不思議だ。

（はい）は、二つの白い（はいにう）につゝまれている。（はいにう）はなかなかかたい。やわらかい（はい）が、このかたい（はいにう）の中をどうして出て行くのだろう。中から割るといっても、僕らが小刀でわらなければならない位かたいのに、この白びょうたんが何で二つにようわるのだ。それならどうして割るのだろうか。うちの柿をうえてみよう。中のしゃくし菜の葉のやうなものは、なぜ白いのだろう。養分はわたるし、なぜだろう。太陽にあたらないからかもしれない。

［果実のつぶつぶ］　柿の実の中には黒いつぶつぶがある。それをなめてみると甘い。青い時はこんなつぶつぶはなくてしぶかったのに今は甘い。このつぶつぶはどうして出来たのだろう。やっぱし人間の様に、養分を食って（い）や（ちょう）の様にこなしたり、いろんなものとまぜたりして、黒い甘いものをこしらえるだろうか。青いのや小さいのは、まだ大きくなることに養分を使っていて、もう大きくなったと思ったら、ぼつぼつ甘いつぶつぶをこしらえるのだろうか。

甘いものは、どこも同じ様に配ったらいゝな。よけいある所やちいとある所なんかをこしらえない様にしたらいゝな。そしてもっと早く甘くなる様に、大きくなるのと、一しょにしたらいゝな。そしたら仲間がよけいふえるだろう。それでも、そうすると養分が足りなくなるかもしれない。それなら肥料をよけいやればよいことになるが、なんぼよけい肥料をやっても早く甘くならない。なぜだろう。その機械がこんなに小さなものゝ中にはないのだ。ふしぎなことがなんぼでもある。

［東井の分析］

理科の時自由研究をさせた…（中略）…決してすぐれたものではない。柿を調べなければならぬ様な必然性も見えない。どれだけのものを、どのようにして調べるかという研究計画も（したがって文の計画も）見えない。しかし能力からいうと中位のこの子は、柿の果実を解剖しながら、その間に生活している。問題をみつけては自分でそれにぶつかろうとしている。

どれも二枚あるのかと思って……行動、観察

なぜ二枚にきまっているのか……行動、観察

この弱そうなのがどうして（はいにう）を割るのか……観察

これは藤原の太って行く過程（生活の綴り）である。「学習」指導は、この意味に於ける「生活の綴り」を育て、強靭にすることであらねばならぬ。勿論これには様々な仕方があるのではあろうけれども、「生活の綴り」に関する限り、それは広い意味で「生活の綴り方」指導である。

ここから東井の場合、生活綴方指導と教科指導は合体していることがわかる。本論文が一九三八年に書かれ、その実践は一九三四年であることにも、注目したい。確実に東

井が生活綴方的教育方法を実践し始めている証拠になるからである。なお、この「柿の研究」には研究計画がないとなぜ東井が不満を漏らすのかについては、第三章で改めて問題にする。

クレパスのねだん：「くらしの算数」（小学二年）

きょう、クレパスをかいにいきました。かったら、早くかいてみたくなりました。かえる道で、ふと、一本のクレパスはなんえんだろう、とおもいました。一本一えんなら、十二本では、十二えんにならんならんので、こんどは二えんかとおもいました。二えんなら二十四えんになるからちがいます。そんなら三えんかもしれないとおもいました。三えんなら三十六えんになってしまいます。ぼくは二えん五十せんかもしれませんとおもって、かんがえました。一えんが十二で十二えんだから、五十せんだったらそのはんぶんで六えんです。それで、一本二えん五十せんにすると二十四えんと六えんですよ。ぼくのクレパスは三十一だから、まだ一えんあまります。ぼくはこまりました。それで、一えんはこだいとかんがえました。

［筆者の分析］

この「くらしの算数」は東井の綴方指導の典型と言える。除法をまだ習っていない二年生の子どもが一生懸命に考えて、二円五〇銭にして計算しても、まだ一円余る。これは箱代しかない、と考えるこの「かしこさ」には驚く。これこそ、東井が子どもに求めた「かしこさ」の成熟である。彼が綴方で鍛えようとした「内発的積極的計画力構想力整理力等」の諸力の内実である。彼は、子どもの綴方に対する指導言について、「指導言と言うよりは、子どもたちが話しかけてくるのに対して、うんうんとうなずき、相づちをうち、子らの喜びをわが喜びとしておしゃべりするにすぎないものであったようだ。だが、低学年では、ここに、子らに元気を出させるコツがありそうだ」と記している。

ここで東井が言う「コツ」はショーンが注目した高度な職人性の〈わざ〉に通じる。だが、先のような「かしこさ」が、すんなりと子どもにつけられたわけではない。この学級を担任した最初、学級を支配するボスの存在に彼は気付く。一、二人の優等生が彼の言葉を借りれば「幕府」をつくって支配していた。一人は裁判所の検事の息子、この子は親の権威を背景に威張っている溝上。もう一人は、勉強はよくできるが何か冷たい人間に感じられる級長小川哲である。その小川への取り組みを次に分析しよう。

その前に、まずこの二人の優等生との出会いの場面について補足しておこう。東井には、この学級は、

威張る子⟷いじける子

最初、どうも縮んでいるように感ぜられた。少数の優等生が必要以上にのさばり、大部分の子供は必要以上にいじけているように見えた。(たとえば)はじめの頃、私が運動場に出て行くと、子等は一せいにとんで来た。そして、私の体にまつわりついた。鼻汁を出した子もいた。汚れた着物の子もいた。ところが遅れて駆けてきた優等生の二人が、ぎろりとにらむと、その子等はさみしげに手を放した。あとには、小利巧そうな子供ばかり残った。私は優等生どもが「幕府」をつくっていると感じたので「先生は、人をさみしがらせない子が好きだなあ」と言って彼等をたしなめ、「みんなやって来い」と一同を集めて「この中で誰が一番強いか検査だよ。先生は力の強い子供が大好きなんだ」といって、一人づつに私を背負わせ、何歩歩くかくらべさせたりした。

鼻汁を出した子にも背負われた。

また、（野村芳兵衛に倣って─引用者）「月曜日のお家」「火曜日のお家」…（中略）…というように、子供を分団に分け、仲よしの「家」をつくらせることもした。学校だけでなく、下校してからも、その一家の者は、招きあい、遊びあい、勉強しあった。子等の中には、一年に入学してから、学校では絶対にものを言わなかった女の子が二人（今日言う「場面緘黙」）あったが、こうしている中に、その子等は、固くつぐんだ唇をほころばせはじめた。それをまた、他の子供たちも心から喜んでくれるようになった。…（中略）…こうして、約二箇月の後には、その子等も、本を朗読するようになった。組はだんだん明るくなり、一人々々の子供の眼の光に、いのちが感じられるようになってきた。一つのことを発表しても、先生に自分のえらさを認めてもらおうとする気持ちよりも、わけ合いながら勉強する、という気持ちが感じられるようになってきた。

このような指導と並んで、この年東井は「自然の観察」の指導に力を入れる。教師が「自然の観察」に関心を持っていることを知った母親たちは、早速子らに注入を開始する。「雄しべ」や「雌しべ」や「花ふん」などの言葉が、こともなげに子どもらの頭に詰め込まれた。今も昔も変わらない「教育ママ」の姿である。「驚きも、感じも持つ余裕を許されず詰め込まれる有様」を見て、東井は親・子・教師の学級文集『日本の新しい芽たち』を発行する。その創刊号で、子どもらを「かしこくする」には教師と母親が共同責任を持ってあたる必要がある、と訴える。その内容は、

お母様方は、一人の子のお母さんではなく、組全体のお母さまになって下さい。「どこそこの子なんかに負けるな」「あんな出来ない子とは遊ぶな」そんなけちなことをおっしゃらないでください。私の組では、自分の勉強したことは、自分だけで威ばっていないで、みんなにわけ合うことにしています。互いにたすけ合い、分け合い、みんなでえらくなり合うことにしています。…（中略）…いばる子供があると、きっとおさえつけられて、ものの言えない子供ができます。どんな力、誰の力も、力という力は全部お役に立てねばなりませんのに、少しばかりのいばる子供のために、全体の力が出し渋られることがあってはならぬ。

これが私の教育方針、と彼は母親たちに訴える。この教育方針は、もうそのまま『村

を育てる学力』にあてはまる。教師と親たちが連携して子どもの教育をするためにと文集を出すところは、相田小学校での『玉生が丘』の原型とも言える。

自然観察

東井は自分の教育方針を訴えるだけでなく、それを具体化していく学習の方法も親に報らせる。たとえば、

理科で桜の花を調べましても、二つの学習の仕方が出来ましょう。一つは、花びら五枚、おしべ何本、めしべ何本と、頭の中にしまいこんでおく方法。もう一つは、「おやおや、この花も花びらは五枚、こっちのも五枚、これもやはり五枚、おかしいなぁ、みんな相談してきめたんだろうか。一つぐらいまちがえて、四枚のがあったり、六枚のがあったりしそうなもんだのに、どれもこれも五枚なんて、不思議だなぁ」と、体全体に感じつつ、花びらの五枚を学習して行く方法。

（また）でんでん虫一つしらべても、お上品そうに、手をふれるのもいやそうに、「でんでん虫には家があって、頭には角があります。」を見つけるのがせいぜいだというよ

うな子供には満足できないのです。さわってみ、ころがしてみ、つついてみ、競争させてみるというふうに、でんでん虫の生活の中に没入して、驚き、面白がり、発見するというような子供が欲しいのです。

（さらには）「虫とでも、花とでも、何とでも仲よしになれ、友だちになれ、そだててやれ。一しょにあそべ。話しかけてやれ。かわいがってやれ。ひやひやしながら、こうしてやったらどうだろうと胸をときめかしながら、にこにこしながら工夫し、見つけてやれ。」と言って来ました。

と、子どもにさせたい学習法を母親にも丁寧に報らせて、共同戦線をはってほしい、と訴えている様は、注目に値する。まさに、戦後の授業実践にそのままつながる学習法だからである。しかも、口頭で母親たちに伝えるのではなく、いつでも必要な時にとりだして読むことができる文集に書いて報らせる、という方法にも注目したい。ここにも、生活綴方的教育方法の指導ポイントが埋め込まれているからである。

これは、『学童の臣民感覚』の中核である「国史礼拝の記録—僕たちの二千六百年史」を書いた子どもたちを教えた翌年の一九四一年度（豊岡小最後）の実践である。一九四四年に出版された『学童の臣民感覚』が天皇崇拝の戦争協力者であった東井が書いたものであるからと全否定していいのか、とわたしが疑問を呈する一つの理由がここにある。「国史礼拝の記録―僕たちの二千六百年史」の実践の後でも、東井の生活綴方的教育方法は確実に貫徹されていた証拠と言えるからである。しかし、紙幅の関係でこの問題にはこれ以上言及しない。

要するに東井は、一九四一年度の実践で「勉強すればする程、冷たい人間になるような、そういうかしこさ」を退けていたことは確かである。彼は、「理科」を「そだてる理科」「かわいがる理科」「仲よしの理科」「一緒にあそぶ理科」「おどろく理科」「工夫する理科」に育てたかった。その典型が、小川の「おもしろいことを見つける理科」綴方「だんご」である。

だんご

きょうおかあさんに、だんごをこしらえてもらいました。おかあさんがだんごのこをまるめて、ぽとん、ぽとんと、あついゆの中に入れられました。そして「ちょっとようじがあるから、おだんごがういたら、すくって、きなこの上においといてください」とおっしゃいました。

ぼくは、だんごがういたりするだろうか、とおもってまっていると、ほんとにういてきました。なぜうくんだろう。ぽかりぽかり、つぎつぎにういてきました。「にいちゃん、おもしろいなあ」と、おとうとがいいました。ぼくは「うん」といって、かんがえました。

そこへおかあさんがもどってこられました。ぼくがたずねると、「さあ、どうしてだろうかなあ。おかあさんもよくわからないけど、おだんごの中のくうきが、あたたまって、ふくれるので、かるくなったところを、おゆのちからで、上におすのでしょう」とおっしゃいました。そのとき、おとうとが「ぼくはわかった。おしりがあついからあがるんだ」といったので、ぼくもおかあさんも、おおわらいしました。

この日の母親の記録。

私がお団子をしているとき、来客があったので、子どもに、お団子が浮いたら、黄粉の上においておくようにいいつけると、二人はとても大喜び。

やっと用事をすませていってみると、「おかあちゃん、お団子はなぜ浮くのだろう」

という。さあ困った。お団子の中の空気がふくらんで軽くなり、熱の圧力で押し上げられるのだろうか。どうもわからない。二人の子らは、いろいろいいあっている。すると弟の方が、「アッわかった。お尻があついから上がるんだ」と、さも合点したようにいう。大笑い。

「おとうちゃんが帰られたら聞こうね」

といっておく。


この母親の手記を読んで、東井は、「各教科の学力をのばす上に、『生活の論理』を育てることが、どんなに大切なことか、ということと共に、『生活の論理』は、家庭の協力なしには、育て得ないことを思わずにはおれない。小川の理科が、まず、このように伸びてきたのは、教師の力というよりは、家庭、殊に母親の力のおかげなのだ、と私は思う。」と後に記している。

小川は、このだんごの他にも、おたまじゃくしがカエルになるまでの観察日記、つばめが巣をかけてから巣立つまでの観察日記など東井が驚くほどの観察ノートを書いて来る。それに応じて、小川の母もおたまじゃくしやつばめの巣を観察する息子の様子を日

記に書いて東井に出すようになる。例えば、

母親の日記

七月一九日。子つばめが巣立ったので、小豆ご飯をたいて祝ってやる。どうぞ丈夫でそろって来年も来ておくれと祈る。子どもたち（小一の弟と二人兄弟――引用者）に、ずいぶんいろいろなことを教えてやってくれたつばめたち。もうゆうべから帰らない。「今夜はどこでねるのだろう」と子らはさびしそうにしている。

七月二五日の小川の日記では、つばめの赤ちゃん、もうもどってこないけれども、ぼくが学校のうんどうじょうであそんでいるとき、うんどうじょうに、虫をとりにきていました。ぼくは、「おうい」といってやりました。つばめの赤ちゃんは、ちょっとぼくのほうをみたようでした。でも、やがてとんでいってしまいました。

と、書かれている。東井が小川が伸びてきた原因は、教師の力より、家庭とりわけ母親の力と認めざるを得ないところが、この辺にあるのではなかろうか。子どもがつばめの

巣を観察し始めれば、母親も共に観察日記を付ける。巣立ちを祝って小豆ご飯を炊き、来年もまたおいでと祈る母。四月には「花びら五枚、おしべ何本、めしべ何本」と教え込んでいた母親が四カ月ほどでここまで変わってくる。小豆ご飯に象徴されるように子どもと共に、つばめの観察「生活」を送っている。東井から冷たいと評された小川も、運動場の上を飛ぶ子つばめに――彼の家から巣立ったか定かでないのに「おうい」と呼びかける暖かい心を持つようになっている。

親の日記は小川の母だけでなく、多くの親も書いて来る。それらを東井は、文集に載せる。それを母親たちが読む。その読後感等が〇〇の母の便りとして提出される。それを、彼はまた文集に載せていく。こうして、教師・子ども・親の共同文集『日本の新しい芽たち』は益々豊かになっていったのである。

なお、この小川は、最初「今度の先生は、勉強のあかん者ばかりかわいがられる」と母親に告げている。それに対して東井は、「今まで、どうも、優等生だけが大事にされてきた」「遅れている子ども、くらしの貧しい家の子どもが粗末に扱われすぎてきた」これは「単に、遅れた子ども、貧しい家の子たちの不幸にとどまらず、優等生そのものも正しい教育を考える立場から見て、優等生自身の不幸である」と小川の母親に語っている。

どの子も平等に扱われなければ、真のかしこさも育めない、という東井の強い信念が窺える。このような学習環境の中で、もう一人の威張っていた子・溝上も変わっていくという形で、親・子・教師のコミュニケーションのサイクルができあがる。この文集に母親たちがいかに感謝していたか。それは、戦時中の紙不足の時代、文集の紙代に使ってほしいと匿名の為替が東井に届けられていることからも明らかであろう。これも『土生が丘』の原型と言える。

5 「つまずき」を克服する〈わざ〉

トルストイの授業観

この原稿を書いている最中に、今脚光を浴びている「反省的教師」や「プロフェッショナルによる行為の中の省察」に関して注目されているショーンの『省察的実践とは何か—プロフェッショナルの行為と思考—』を読み返していて面白い文章に出会った。それは、授業実践に関する例としてショーンがロシアの文豪でありかつまた農民の子どもの教育にも熱心であったトルストイの次の例を挙げている点である。その一部を少し紹介しておこう。

もっともすぐれた教師は、生徒を悩ませているものについて…（省略）…できるかぎり多くの方法的知識や新しい方法を考案する能力を手に入れるのである。とくに、ある方法にのみこだわるのではなく、あらゆる方法は一面的であるという信念をもつことや、最も優れた方法は、生徒が陥るあらゆる困難にこたえられる方法であり、したがってそれはもはや方法ではなくて〈わざ〉であり才能であるという考えを手に入れる。…（中略）…どの教師も、生徒が不完全にしか理解できない理由を、生徒の側に欠点があるからと考えるのではなく、自分自身の教え方に問題があると考えなければならない。そして新しい方法を発見する能力を自分自身の中で開発する努力をしなければならない。

以上のトルストイの言葉を引用した後でショーンは次のような説明をしている。

〈わざを豊かにもつ〉教師は、子どもが読み学習でつまずくとき、それを子どもの欠点としてではなく、「自分自身の教え方」に問題があるととらえる。したがって教師は、生徒を困らせているものは何かを説明するすべを見つけなければならない。教師は授業の時間という場所で、小さな実験研究を実行しなければならない。また、子どもが感じるつまずきは子ども独自のものであって、教師は説明できるレパートリーをもっているからそれで十分だ、などと考えることはできない。…（中略）…教師は新しい方法を考案し、「新しい方法を発見する能力を自分自身の中で開発していくよう努力し続け」なければならないのである。

先のトルストイの実践例と、それに関するショーンのこの説明に出会って、これは、東井が戦前から追究してきたことと同じではないかということに気づいてわたしは正直驚いた。トルストイの例は一九世紀後半のものであり、ショーンは省察的実践で今日わが国でも注目を浴びている研究者である。わたしが第三節で触れた東井に関する次の文章と比べてみてほしい。

子どもにほんものの学力（＝かしこさ）をつけるにはどうすればよいかと何度も立ち往

生する中で、それは子どもの頭が悪いのではなく、教師が彼ら一人ひとりの「わかり方」に合わせて対応のし方を変えることができないからだと悟る。つまり、子どもは、一人ひとり「わかり方」が異なる。だから「つまずき方」も「まちがい方」も異なる。とすれば、子ども一人ひとりのその「つまずき方」「まちがい方」がわかれば、教師はその子どもたちにもわからせることができる、つまり教えること、少なくとも教えるきっかけをつかむことができる、ということに気付いたのである。これは、その後の東井の教育実践・授業実践を方向づける大発見であった。

そして東井は、『村を育てる学力』で、モリタミツの事例を紹介した後で、次のような補足説明をしている。

教師の失敗

読者の皆さんは、この話を私の手柄話と受け取られるかもしれない。しかしそれは、私の本意ではない。私は私の失敗談が聞いていただきたかったのだ。モリタミツの指導者としての私が、水路を間違えたことで、どんなに子どもを苦しめたか、水路を誤っての努力がどんなにききめのないものであるか、それを私は、わかっていただきたかったのだ。

つまり、東井も決して子どもが悪いのではなく、トルストイが言うように「教師自身の教え方に問題があると考えなければならない。そして新しい方法を発見する能力を自分自身の中で開発する努力をしなければならない」という立場であった。だから東井は、この立場から、戦前においても、子どもがつまずきやすい漢字の書き方や読み方、あるいは算数の度量衡について、ガリ版刷の辞典を作成している。『村を育てる学力』以降の諸著作でもそのいくつかが紹介されている。ここでわたしが一番興味を覚えたことは、トルストイや東井をそのような反省的思考に追い込んでいった最大の要因は何か、ということである。両人とも、ショーンが「プロの教師は、反省的教師たれ」と説くずっとずっと昔の教育実践家である。そのヒントは、トルストイの次の教育原則の中にあるのではないか。

(1)教師は、いつでも自分に最も好都合な教授方法を知らず知らずのうちに選ぶようになる。

(2)教授方法が教師に好都合なものとなればなるほど、それだけ生徒には不都合なものとなってしまう。

(3)生徒が満足するような教授方法だけが、正しい方法である。

すでに明らかなように、このトルストイの原則で、

［(1)→(2)という方向に行くベクトル（＝教師の業とでもいうべきもの）を十分にわきまえた上で→(3)の方向で新たな方法を実践行為の途中で絶えず創り出していく努力］

をしていたのが二人の実践家であった。つまり二人に共通する要因は、眼前の一人ひとりの子ども、たとえその子どもが現在勉強がどれだけ芳しくない子であろうとも、一人残らず徹底的に信頼し尊敬する姿勢を貫く、という立ち位置である。それは二人のような特別に優れた教師のカンやコツであり、一般教師ができることではないとあきらめるのではなく、以下の章でも引き続きこの点をより具体的な事例を挙げながら問題にしていきたい。

小括

以上の検討から次の四点が明らかになった。

⑴東井義雄は、豊岡小で四年生の学級担任と「読方」C^2分団を担当し、それぞれ五、六年と持ち上がる。その間、授業では子どもに「頭の毛の先に知識のきれはしをくっつけていくような学習指導ではなくて、子ども自身の『はてな?』『なぜかな?』……『こうしてみたらどうなるだろうか』……『でも、いつでも、どこでもそうなるのか?』と確かめて……大きく『なるほど!』とうなづいていくような学習」を組織し始める。この様な授業づくりを実現するためには、生活綴方の手法、「ひとり調べ―みんなでわけ合い・磨き合い―ひとり調べ」の学習サイクルを取り入れる必要があると認識するのが、一九三三年度からであったことが明らかになった。

⑵学習意欲を喪失した高等科を担任して彼の先の認識はますます強固になる。学習意欲の喪失は、授業で学習することの意義を子どもが認識できていない結果と彼は悟る。学校内外の自分たちの生活の中で生じる小さな驚きや感動を粗末にしてすぐ忘れさって

しまうことを防いで、それらを彼らが学習の意義を自覚させる契機に変える必要がある、と東井は認識する。彼は、日常的に生じるこれらの驚きや感動を「綴り」と捉え、その綴りを「綴り方（＝生き方）」に止揚するために綴方（＝日記）を書かせるという手法を採ったことが明らかになった。

(3) 彼の生活綴方的教育方法は、豊岡小最後の二年生の学級で、少数の優等生に支配される状況をみんなが平等に学習し生活できる学級に換えていく取り組みや親・子・教師協働の学級文集を発行していくという形で、一層精緻化され貫徹されていく。「クレパスの値段」や「だんご」さらには親子で行った「つばめの観察」のような力強い「かしこさ」こそが、彼が求めたほんものの学力であることがわかった。別言すれば、子どもが「教科の論理」を「生活の論理」にたぐり寄せながら自分の「生活の論理」をみんなで太らせていく［原「教科の論理と生活の論理」］が有効であることも証明された。

(4) (1)〜(3)で明らかなように、『村を育てる学力』の大枠は『玉生が丘』も含めてすでに戦前・戦中に確立されたのではないかという仮説は、実証されたと考える。

第二章　ほんものの学力を求めて

1　文集『田んぼ道』

戦争責任

東井義雄は、「戦後体験と戦争責任」（著作集7）で、およそ次のように述べている。

自分は『学童の臣民感覚』を書いた正真正銘の戦争協力者であった、教え子は一五名も戦死している、そんな自分は直ちに教職を辞職すべきだ、と庭先に教師をしていた証の記念樹まで植えて終戦の翌日辞表を出すために学校へ出る。この年に自分を訪ねて来た東大生も敗戦の翌日自決したことを後に知るが、それでも教師を辞めることはできなかった。一九四七（昭和二二）年の教員適格審査には周りの人たちの尽力のおかげで適格と認められる。やがて新しい雑誌を出すから論文を書いてほしいという注文が、次々に舞い込むようにもなる。しかし、こんな自分に何が書けるか、論文を書く資格などない、とすべて断った。

一九四五（昭和二〇）年に入ると総力戦体制は小学校にまで及び、唐川国民学校でも、授業は午前中で打ち切り、午後子どもたちは畑を耕して食糧の増産に励み、あるいは山で炭焼きを手伝わされるようになる。終戦後は、よりどころを失った悲しみの中からも、漢字の書きとりをしているひとりひとりの子どもの肩をたたいては、「その調子だ。一画一画、きちんときちんとだ」といい、「一字、一字、正確にねばり強く、積み上げるんだ」と励ました。祖国日本の復興に役立つほんものの学力をつけるためである。体操の時間には、「もっと強くだ、もっと強く伸ばすんだ、その曲げた腕を存分に伸ばすんだ……戦争に負けたって、空はやっぱり広いぞ」といい、「この広く深い空の空気をみんな吸え、そして、汚れた奴をみんなはき出せ」と叫んだ。子らにというより、それは、どうにもやりきれない自分へのことばであり叱咤でもあった気がする。

東井記念館に収められている資料を調査していると、貴重な論文が見つかった。それは「民主教育における農村綴方の在り方」（『国語文化』大和書房、一九四七年二月）という小論である。東井が戦後しばらくは沈黙すると宣言したことを知っていたわたしは、無くて元々と半分あきらめながら調べていたら出てきた。この年の四月東井は村内の相田小学校に転勤するが、その直前の唐川国民学校時代の論文である。この時、東井は三四歳。

この辺の事情を少し補っておこう。東井はどうしても自分が寺を継がねばならなくなり、前章で述べた新任から一〇年間務めた豊岡小学校から、一九四二年度に自坊近くの合橋村立合橋国民学校に転勤し、一九四四年年度には村のさらに奥にある唐川国民学校に移り、そこで終戦を迎えた。先の論文は、この唐川国民学校最後の二月に書かれた。敗戦後のこの時期、東井は子どもに綴方を書かせ、文集『田んぼ道』を編む。この事実は、戦前・戦中との継続性を意味する。これを見てもわかるように、この「民主教育における農村綴方の在り方」は、戦前・戦中と戦後で、東井の教育観は変わったのか否か、を実証的に検討できる資料といえる。詳しく分析してみよう。

子どものいのち

本論は次の文言で始まる。

長い戦いの期間、知らず知らずのうちに侵していた教育上の誤謬の数々を認めざるを得ぬ現在の私であるが、省みて自らを慰め得る唯一のことは、教育の足場が、常に子供のいのちに立つべきであることを信じ、それを行おうとしたことである。内面生命の解放開顕のために、自らを常にその「呼び水」たらしめんと念願してきたことである。「文句を言うな」「黙ってせよ」式の封鎖主義のみ横行した当時「言わしめよ」「叫ばしめよ」「思い、感じ、考え、行わしめよ」と叫び、それを祈念してきたことである。

東井の足場が戦前・戦中においても常に「子どものいのち」に立っていたことは、前章で確認した。それと重要なのは、彼自身が自分の教育観は、戦前・戦中と戦後も一貫して続いている、と自覚している。つまり、『村を育てる学力』の原風景は、わたしなど他人が詮索しなくても、戦前からのものであると自己認識していることである。

問題はここで言われている「教育上の誤謬」である。その誤謬について東井は別のところで次のように整理している。

「天孫降臨の神話の展開としての国史」(礼拝の国史——引用者)と「進化論に立つ理科」(豊岡小最後の小川らの「調べる理科」——引用者)を、おなじ私が教えながら、この二つの教科の間にある根本的に対立する矛盾には気がつかなかったのである。「理科の研究授業」も「国史の研究授業」もやったし、微に入り細にいる批評も受けたが、誰もこの二つの教科の矛盾には、気づかせてくれなかった。自分から気づこうともしなかった、そして、この矛盾を教えることに一生けんめいになっていたのである。ひたすら教育を大事にしているつもりで、教育でない授業を大事にしていたのである。若い頃、「授業の試合」をし合い、その時批判し合ったことは、授業というものは、それ(国語)を教え込むことではなくて、ひとりひとりの子どもの現段階を見きわめ、その力を、ちょっとでも高めることだ。そして、ひとりひとりの子どもの力を、世界史の歯車回転の力となるようにしていくことだ。そのことにつながってこない授業は教育とは言えない。が、わたしたちのこのような研究姿勢も、戦争が苛烈になるにしたがって崩れていった。そして、「世界史の歯車を回転させる力につながる授業」ではなくて「逆回転の力につながる授業」にうちこんでいったのである。

「教育」とは、「教え込むことではなくて、ひとりひとりの子どもの現段階を見きわめ、その力を、ちょっとでも高めることだ。そして、ひとりひとりの子どもの力を、世界史の歯車回転の力となるようにしていくこと」に努力していたつもりが、戦争が激しくなりいつの間にか「逆回転の力につながる授業」に打ち込んでしまっていた、と東井は猛省している。なお、国史と理科の授業の間の矛盾を誰も指摘してくれなかったということについては、彼が新任以来ずっと信頼し、指導を仰いでいた浅田正雄が『学童の臣民感覚』の序を記していることにも表れている。浅田も総力戦体制に巻き込まれていたのである。

終戦になり、薪炭生産の山から下り、食糧増産の田から上がって教室に帰って東井が感じたことは、

（同じ教え）子等がものを言わなくなってしまっており、感じず、思わず、考えぬ子供

になり下ってしまっていることであった。鉛筆を握っても、文を書きたくなくなり、書くことにひどい負担を感じるらしくなってしまっているということであった。…（中略）…（そうなってしまった）より本源的な理由は、生命の封鎖によるものである、と、私は言い切ることが出来る。生命の問題を念じ、生命のことばを護ろうと努力した私の祈りなど、ものの見事に無力化し了る程も、日本教育の封鎖主義は強力であり、空気のように、子等の身辺に浸っていたのである。

ものを言わなくなった子どもを目の前にして、東井は教育の無力さを痛感し、落胆したにちがいない。しかし彼は、教師を続ける以上、どれだけ微力であってもこの子らに教育しなければならないという決意を固める。それは、以下の文言からわかる。

いのちの解放

私の今の努力の中心は、児童生命の解放にある。感じず、思わず、考えず、言わず、書きたがらぬ子等を、如何にして、感じ、思い、考え、言い、書き、行う子等たらしめるかにかかっている。これは容易なしごとではない。しかしこれほど根源的なしごとはない。これなくして、自余の一切のしごとは無意味だからである。生命の尊厳を開顕することは、民主主義文化建設の基礎工作である。綴り方新興の問題のすべてはここにつながっている。

教師として自分が努力する中心は、「児童生命の解放にある」と断言する東井に、わたしは豊岡小時代の勢いと覚悟と哲学（フィロソフィ）を感じる。感じず、思わず、考えず、もの言わない子どもを、感じ、思い、考え、言い、書き、行う子どもにしていく。それには、綴方しかないと決断する。しかもこの綴方は、民主主義文化建設の基礎工作である、と彼は整理している。そして、以下のような結論に至る。

子等の生命を封鎖していたものは、…（中略）…まぎれもなく環境であった。とするなら、私が、子等の内面生命の開顕にあたって為さねばならぬことは、環境の整備である。子等の生命を封鎖せしめるために役立った様々な環境的諸条件を除去し、逆に、子等の内面的生命を開放し開顕するにふさわしい環境を組織することがまず考えられねばならぬ。

「子等の内面的生命を開放し開顕するにふさわしい環境を組織する」とは、東井が豊岡小で始めた生活を綴ること、すなわち生活綴方教育である。ここにぶれは少しもない。戦前から一貫する彼の立場である。それは、次の文言からもわかる。

子等の生命を封鎖した環境とは、子等の生命、言いかえるなら子供自体を無視した環境のことである。子等の声を聞かず、それに耳をかさず、子等の言葉をとりあげて用いようとしなかった環境のことである。生命を殺し、生命を否定することが善とされ、従順が何よりの徳とされるような環境のことである。ことば、叫びを憎悪し警戒する環境のことである。言いかえれば、綴り方を否定し、少なくとも警戒する環境のことである。

これについては、もうこれ以上解説する必要はなかろう。ここで述べられていることとは逆の環境を創りだすことが教師の仕事になってくる。創りだされるべき環境について東井は次のように言う。

子等の生命と切り離された環境でなく、環境が子等自体であるような、言いかえるなら、単に子等のための環境であるのみならず子等自身によって構成され組織される環境でなければならぬ。

子ども自体が目的

環境が子どもたち自体であり、彼らが自分たちで主体的に構成し、組織していく環境とは、豊岡小で東井が子どもたち、そして親たちも巻き込んで共に創りだそうとした生活綴方的な環境づくり、子どもたちの自治的な集団づくりに通じることは明らかである。しかし、ここで東井は注目すべきことを言っている。それは次のことである。要約すると、

戦時中も心ある指導者はこのことを忘れなかった。子等と共に、子等を愛し、その叫びを育て、それに耳を傾けた。だがその場合も、多くの指導者は子供自体を目的としなかった。単に手段として子供を扱った。誤謬がここにあった。しかもこの誤謬のある限り、生命の開展には限界がある。つまり、子供自体を目的としない環

境は、たとえそれが子供と結ばれようとも二元的存在である。このように、子供と環境が二元的在り方をする限り、生命の開展に限界が生じる。のみならず、環境そのものの生命にも限界を生ずる。

東井は、ここで、子どもと環境を二元的にとらえてはならない、両者は一元的に統一して捉える必要があると言う。彼は、自分の戦中の実践を振り返ってみて、この点で弱点を持っていたと反省しているように思われる。注意すべき言葉は、「子ども自体を目的としなかった、単に手段として扱った」という点である。「子ども自体を目的」とするとは、子どもが自分たちの行動の主体になる、主人公になる、ということである。この点を軽視すると、後でも触れるがそこでいくらPDCAのサイクルを子どもが動かしているように見えても、子どもにP（目標）そのものを拒否する権利が認められていなければ、子どもは（教師の）命令に従うだけの人格を認められない一兵卒に成り下がってしまうからである。

子どもがPそのものを拒否する権利という言い方は、少しラジカルに聞こえるかもしれない。しかし、東井はそれほどまでに子どもを尊重していたのではなかろうか。、子どもを尊重するとは、教師の問いに答えられない子どもを無能な子として切り捨てていくのではなく、教師である自分の先ほどの問い（＝教え方）そのものの方に欠点があったのだ。どうしたらその子のわかり方に適った学習法を提示することができるか、とそこでその子にふさわしい適切な方法を創造していこうとする姿勢が東井には確立していた、と言ったら言い過ぎであろうか。

私の子等は村の子等である。村は今荒れている。村民のいのちは結ばれていない。田畑はきびしく耕作されているが、愛されているとは思われない。作物はきびしく栽培されているが、愛育されているとは思われない。…（中略）…すべてのいのちはばらばらに各々の利のみが寒々と求められている。この空気を子等は呼吸している。私はこのことを悲しむ。

敗戦後、村では田畑は愛されていない、作物は愛育されていない、と東井は見ている。彼の願いは、田畑も愛せよ、作物も愛育せよ、そしてそのような環境の中で子等も愛育されよ、ということである。先の子どもと環境を一元的に捉える教育観と併せて考えれば、ここには、生きとし生けるものすべてにいのちがある、という思想が窺える。このような子どもの現実を見て、東井はこの子たちに対して綴方教育をしようと決心し、文集の題を『田んぼ道』とする。そこには、以下のような彼の教育目標（＝理想）が込められていた。

里村の世界

私どもの幼い時には、田んぼ道は楽しい道であった。祖母や母とつれだつて帰る田んぼ道の夕暮れは今も脳裏にある。晩鐘のひびきは尚耳にある。道端の野の花、溝の小魚は今も郷愁を誘う。が、今の子供たちは、成長しても、田んぼ道に郷愁を感じ得るだろうか。否と思われる。子等が田んぼを愛せず、田んぼ道に郷愁しないということは、彼らのいのちがそこに根をおろしていないと言うことである。今、村が荒れているように将来も益々荒れるだろう。村の不幸はここにある。

東井がイメージする田んぼ道とは、大正末期に作られた童謡「夕焼け小焼け」の世界であろう。美しい里山に囲まれた里村の生活である。実際は、東井の言葉を借りれば「右を向いても、左を向いてもすぐにでこ（ひたい）をうちそうな、せまっくるしい谷間の村」だったが。その田んぼ道を歩いていると、まだ強力な農薬が散布される前の時代の田で餌をついばむコウノトリにも出会ったはずである。

後に八鹿小学校の校長になってコウノトリがいなくなった時、経済発展第一主義で荒廃してしまった社会風潮の中で、三〇キロを超える遠足を企画した子どもたち全員が無事帰ってくる姿を確認して、これならきっとコウノトリが舞い戻る地域を再生することができる学力がついたと子どもたちに期待をかけている。東井にとっても、コウノトリは自然の美しさを測るバロメーターであったのだろう。ともあれ東井が願ったのは、こうして道端の野の花、溝の小魚に郷愁を感じる「草木国土悉皆成仏」の生活である（梅原毅『人類哲学序説』）。さらにここには、本書のサブテーマ持続可能な開発のための教育（＝ＥＳＤ）の精神の萌芽も見られる。そして、彼は、次のように綴方教育再開の決心をする。

私は、今作りつつある文集を『田んぼ道』としている。子等の感じ、思い、考え、ことば、行動の根を田んぼにおろさせ、彼らのいのちをそこで育てたいのが私の念願である。『田んぼ道』はそこに至る道である。共にいのちつながって動くことを喜び、働くことに即して、思い、考え、愛し、行い、育て、築くような子等を実は育てたい。私の教室の綴り方は、そのために、書かれ、読まれ役立たせられるようなものでありたいというのが私の日頃の念である。

このような覚悟で、東井は敗戦後すぐに生活綴方教育を再開している。ところで、ものを言わず、考えず、思わず、書きたがらない子どもたちに綴る生活をさせる具体的なとっかかりは何であったのか。東井は以下のような手だてをとった。いくつか列挙すると、

授業づくりの戦略

○呼びかける綴り方――子等のいのちは結ばれねばならぬ。はげまし合い、なぐさめ忠告し合い、いのちと共につながって磨き合うような村の子が育たねば村は育たない。「もっとこんなふうにしようではないか」「こうしてくれないか」「こんなにしてはどうだろう」というようなことばが身動きをはじめねばならぬ。

○生活勉強の綴り方――「僕はこんなに考えてこのことをしてみた」「こういうわけだ

からそれはこうすべきだ」「もっと正しい、もっといい方法はないだろうか」「この生活矛盾を打破するために僕はこんなに戦った」等々の意識やことばが活発に働くような村の子を私は欲しい。

○学習研究の綴り方――生産技術の面でも惰眠をむさぼっていてはならぬ。工夫し、研究し、実験し、製作し、打開する意欲と、知恵と技術が高められねばならない。

○雑談の綴り方――雑談のない村は、野に雑草のない村のようにさびしく味気ないものになるだろう。よろこびを共によろこび、悲しみを共に悲しみ、共に笑い共に泣く村の生活伝統は、新しい日本の村に於いてもより高度に生かされ受け継がれねばならない。雑談はそのような役割を果たしてくれるにちがいない。

ここに列挙したキーワードだけ見ても、これは戦前からの東井の生活綴方的教育方法の継承であり、次の相田小学校での実践＝『村を育てる学力』の確固とした枠組みが確認できる。教師が子どもらと「雑談」するというゆとりが、教師と子どもの間の交流を活性化し、村のコミュニティーを再生させる原動力になる、と東井は捉えていたのである。こうして東井は、戦後も一貫して生活綴方的教育方法を継承発展させていく。ここには、ＥＳＤの萌芽どころか、ＥＳＤ精神の核すら窺える。彼は別のところで、次のように記している。

> 戦争が終わって、「生活学習」だとか「生活単元学習」だとか「コアカリキュラム」だとかが、にわかにやかましく言われだした。…（中略）…が、私は、やはり（生活綴方による）「調べる学習」を続けた（著作集5）。

以上検討してきたように、東井は、新任時代以来の生活綴方教育を再び軌道に乗せて子どもの教育に邁進していく。東井のこの教育方針、立ち位置は、戦前・戦中・戦後と一貫していることがわかった。前章で触れた木村が言う「東井の戦後の教育実践は、敗戦後きわめて早い段階に形づくられた枠組みのうえに展開している。…（中略）…戦中までに獲得したペダゴジーを反省的にとらえた実践ともとらえられる」は、この小論を指してのことであろう。が、すでに明白なように、東井はこの小論で彼の教育実践の枠組みを形づくったのではないことは明らかである。木村が補足している「戦中までに獲得したペダゴジーを反省的にとらえた実践ともとらえられる」がより正確な捉え方だ、とわたしは考えている。蛇足になるが、今豊岡市は、コウノトリ文化館を中心に市を挙げて「人と自然が共生できる暮らし」をつくる運動に取り組んでいる。コウノトリ用に子どもたちが持ち寄る「どじょう一匹運動」という対症療法では根本的な解決にはならぬことを知った農民が最終的には無農薬農法に切り換えて今日のようなコウノトリが飛び交う環境を創りだす村。これこそ、東井が夢見た理想の村＝「田んぼ道」づくりではないだろうか。

2　ESDの萌芽

調べる学習

東井は、一九四七年度から合橋村立相田小学校（現豊岡市但東町）に移り、生活綴方教育復興を目指して「調べる学習」を主軸にした授業づくりに専念する。当時強調されていた生活単元学習やガイダンスではなく「調べる学習」に東井が力点を置いていることに注目したい。本節では、彼の生活綴方的教育方法に貫かれた授業づくりのポイントを

次の三点を挙げている。

洗いだしてみたい。

とっくみやすい問題から始めよう。まず、授業における「楽しさ」とは何か。東井は次の三点を挙げている。

1「させられる仕事ではなく、子どもたちが、自ら求めた仕事であること」

この立ち位置は、新任の豊岡小以来一貫している。子どもが主体にたぐり寄せながらする学習は、「なぜだろう?」「思議だなあ?」「こうしてみたらどうなるだろう?」「いつでもどこでもそうなのだろうか?」と疑問に思ったことを自から進んで調べてみようという「やる気」が、前提になっている。先生から指示されて、あるいは宿題として出されてやる勉強は、「させられる仕事」。「させられる仕事」の場合は、指示された範囲を超え出ることはほとんどない。したがって教科書の枠を超えることもない。これに対して、「自ら求めた仕事」は、自分の中に生じた疑問を解決するために、試してみたくなり、調べてみたくなり、実験してみたくなる。その結果自ずと教科書から飛び出していく仕事になる。前章で触れた「クレパスのねだん」のように、割り算も習っていない小学二年生がクレパス一本何円と算出し、余った一円は箱代として「なっとく」するような学習も可能になってくる。東井が求めたほんものの学習とは、「なるほど」と大きく「なっとく」していく学習である。別な言葉で言えば、子どもが一つ一つ自分でやってみて、「なるほどと腑に落ちる」学習。「腑に落ちる」までやり遂げる学習である、そのために教科書という枠をどんどん飛び出していく学習である。こうして「腑に落ち」た時、その学習は楽しいものになる。やりたい学習の目標を自分で決めるその主人公になっているから楽しいのである。

2「甘さ、安易さの中でではなくて、つらさ苦しさをのりこえるためにからだ全体をぶっつけて問題解決にうちこむ場面がどこかにあること」

自分の中に湧きでてきた疑問なら、少々時間がかかっても絶対に解決してみたい、という強い「やる気」も出てくる。たとえ他人から、あるいは教師から出された問題であろうとも、子どもがその問題を自分にたぐり寄せてこれは自分が解決したい問題だと自分で決定し、自覚することができるなら、それは自ら進んで解決したい自分の仕事になる。そのためにも、子どもの今の状態で楽々と解決できるものではなく、子どもにとって少し抵抗のある課題を提起していく必要がある。この抵抗度は、いわゆるヴィゴツキーの

「発達の最近接領域」。東井の言葉で言えば、「みんながそう考え、そう言うなら、これはどうだ！」と教師から挑発して子どもたちの前に横たわってやり、この抵抗体を乗り超えようとする「やる気」を起こさせることである。そのためには、教科書で習らったところや、参考書をペラペラめくったぐらいでは解答に届かず、体全体でぶつかって初めて乗り越えることができるような抵抗を与えていくのである。もっとも、この2の場合、日常身の回りで生じているモノを粗末にせずに、「不思議だなあ？」「なぜだろう？」と疑問を掘り下げていく生活綴方で子どもたちがある程度鍛えられていることが前提になることは言うまでもない。

3「子ども自身に、伸びたこと、高まったこと、太り得たことが、はっきり自覚できるものであること、それが、教師や仲間にも認められること、それだけではなく、自分の伸びや高まり、太りが、学級全体の伸び、太り、高まりに対してもなんらかの役割を果たすものとなること」

これは、今日言われている「成功体験」「成就感」を子どもが実感しているということである。子ども一人ひとりが、「成功体験」「成就感」を自覚しているだけでなく、その成功が教師や仲間にも認められているということ。さらに、それぞれの「伸びや高まり、太りが、学級全体の伸び、太り、高まりに対して」も役立っているのだということを子どもたちが感得しているという点が、東井の特徴である。授業の中での自分の伸び、太り、高まりが学級全体の伸び、太り、高まりに役立つという例は、第三、四章でより詳しく問題にする。たとえば「稲むらの火」の授業でなぜあれだけダイナミックな集団思考が展開できたのか、あれだけ分厚いひとり学習ノートが書けたのかを見てもらえば了解いただけると思う。

授業で右記2、3を実現するために、一体教師の仕事とは何か、という点をここでもう一度整理しておく必要がある。東井はどう考えていたのか。彼は、授業はあくまでも教師がするもの、と確信している。

［教える・学ぶ］の関係

○「子ども」に自主的にやらせる場合にも、それは「教師」が「教師」の責任において、何かの「ねがい」に立ってそのようにさせるのであって、「教師」のいない授業はあり得ない、というのが私の考えである。

○（授業の）仕事の中に「教師」と「子ども」のどちらもがいるということは、両者がただ教室にいるということではないのである。…（中略）…一つの仕事の中で、両者がはたらきあっており、しかもそれが、一つの「目標」のもとに「組織」されておるということでなければならないと思う。これを「教師」の側から眺めるとこの「組織」の中に教師の「ねがい」があり、子らへの「はたらきかけ」があり、しかもそれが一定の「計画」に従ってはたらいていることでなければならぬのではないだろうか。また、それを「子ども」の側から眺めると、「教師」のはたらきかけに対する「反応」があり、「行動」があり、「認識の形成」がなければならぬのではないだろうか。それをまた「教師」が「検討」し、より効果的にリードして行く姿が現われて来なければならないと思う。(1)

ここには、授業における教師の「教える」という仕事と子どもの「学ぶ」という仕事の関係を弁証法的に捉える東井の授業観が明確に打ち出されている。少し解説しておこう。まず東井は、子どもに自主的にやらせる場合でも、そこには教師がいる、そしてその教師の「ここは、子どもたちに自主的にやらせたい」という「ねがい」に立って「自主的に」させているのであって、教師のいない授業はないということを強調する。この点をもう一度彼に聞いてみよう。彼の言いたかったことは、およそ次のようにまとめられる。

教科書に書いてあるなかみを、子どもがどんなににぎやかにあげつらっても、それだけでは「授業」とは言えない。「授業」というものは「教師」が、一つの素材をつかまえて、「よし、この教材で子どもたちのこういう問題点を、こんなふうに変えていってやろう」という「ねがい」がなければならない。教科書に出ているから「教材」であるのではない。それは単なる「材料」「素材」であるにすぎない。その「材料」「素材」が「教師」の「ねがい」によってとりあげられて、はじめて「教材」ということになる。「材料」「素材」を「教材」にし、それと「子ども」とを対決させることにより「子どもを変えていく仕事」それを「授業」というのだ。

子どもたちに、ここは自主的にやらせたいという教師の「ねがい」は、この教材に子どもたちを「対決させる」ことによって可能になる、という見通しをまず教師がたてる

相田小学校での授業（著作集2より）

↓「対決させる」ためには、ここでパンチの利いた発問や「ゆさぶり」をかけて、子どもたちの強い「やる気」（＝学習意欲）を呼び起こすことが前提になる。このような授業構想を事前にしておくことが必要になってくる。いわゆる授業のプランニングである。ここでもう一つ注目すべきことは、「教科書に書いてあるなかみを、子どもがどんなににぎやかにあげつらっても、それだけでは『授業』とは言えない。」という冒頭の言葉である。二一世紀の学習として今流行のアクティヴラーニングが、討論とかグループワークとかいう活動をさせるだけの外見上の活発さで満足してはならないという東井からの警告、とわたしは受けとめている。本書の目標は、このような温故知新の仕事をしながら、東井の生活綴方的教育方法を読み解いていくことである。

授業という「一つの仕事の中で、両者（教師と子ども）がはたらきあっており、しかもそれが、一つの『目標』のもとに『組織』されておる」という検討に移ろう。ここでのポイントは、授業という「一つの仕事」の中で、両者が「一つの目標」のもとに組織されている、ということである。わたしが先に「教える」と「学ぶ」の関係が「弁証法的」に統一されてとらえられている、と説明した部分である。ここで言われている授業という仕事の「一つの目標」とは一体何か。再び東井に聞いてみよう。

授業とは何か

「人間」を育てること、「人間」をほんとうの「人間」にしていくこと、ひとりひとりにひとりひとりの尊さに目覚めさせ、生まれてきてよかった、といえるような生まれがいを自覚させ、生まれがいをきり拓かせる仕事、そして、ひとりひとりの尊厳を大切にしあうような「家」や「世の中」や「国」をつくっていくことのできる「人間」を育てる仕事、それが「授業」というものでなければならぬ、と私は考えてきた。子どもの頭に何かをくっつけたり詰め込んだりすることよりも、子ども自身に「はてな?」「なぜかな?」と問題をもたせ、「こうかもしれないぞ!」と予測させ、「こうしたらどうなるだろうか?」と、やってみさせ、「でも、いつでも、どこでもこうなるだろうか?」と確かめさせ、「なるほど!」と大きくうなずかせ、「人間」の在り方そのものを変えていく仕事をこそ、「授業」の中で目ざしてきた。

教育の一つの目標、それは東井の場合、究極的には子どもたち一人ひとりを「人間」にしていくことである。そのためには、まず、どの子にも自尊感情を育み、生まれてきてよかったという生まれがいを自覚させ、さらに生まれがいをきり拓かせる仕事、そして、一人ひとりの尊厳を大切にしあうような「家」や「世の中」や「国」をつくっていくことのできる「人間」を育てる仕事、それが「授業」というものでなければならぬ、ということであった。これは、もうそのままESDそのものと言ってもよい。ここまで検討してきた東井のすべての文言は、彼が一九六一年に出版した『授業の探究』(明治図書)から意図的に引用している。こんなに早くから彼がESDにも通じる教育観を持っていたとは、わたしには大きな発見であり、驚きであった。しかも「子どもの頭に何かをくっつけたり詰め込んだりすることよりも、子ども自身に『はてな?』『なぜかな?』と問題をもたせ……」の文章で言われていることは、新任の豊岡小以降、東井の一貫した教育観(フィロソフィ)である。

⑴の文言の分析に戻ろう。最後は、「一つの目標を『教師』の側から眺めると……」の部分。ここでは、教師の「ねがい」が子らへの「はたらきかけ」へと「計画」(plan)的に具現されていく(do)。この過程を「子ども」の側から眺めると、「教師」のはたらきかけに対する「反応」、「行動」、「認識の形成」(＝子どもの側のdo)がなければならぬ。そしてこれら両者のdoをまた教師が検討(check)し、より効果的にリードして行く姿(action)が必要と述べられている。それぞれのキーワードに英語を付してみると、plan—do—check—actionとみごとに今日教育分野でも強調されているＰＤＣＡに一致する。これも今回の東井実践の分析で新たに気づいたことである。

以上、主として『授業の探究』の文言を元に、授業とは何か、そこでの教師の仕事とは何か、を分析してきた。ここで新たに明らかになったことは、『中央公論』で鶴見俊輔から東井は「善意の哲学」「べったり経験主義」と批判された彼が精いっぱい努力して自分の授業実践を理論的、体系的に整理したことである。こうなった経緯には、実は裏がある。

授業研究

一九六〇年になると、群馬県島小学校の斎藤喜博が国土社から『授業入門』を出版する。これが契機になり、わが国に授業づくり、授業研究の一大ブームが巻き起こる。四章でも触れるように大学人もバスに乗り遅れては大変と学校現場との共同授業研究を開始する。教育関係の大手出版社明治図書もこの機会を逃すまいと、東井義雄に同類の本を出さないかと持ちかけた。

『授業の探求』の頃（著作集4より）

当時すでに、授業の名人番付で、東の斎藤喜博、西の東井義雄が定番になっていた。出版話を引き受けた東井は、『授業入門』と同じタイトルでは書けないとタイトルを『入門』から『探究』に変える。そして、書いたのが本書である。（斎藤がよく用いた）子どもと教材とを「対決」させるという言い回しからもわかるように、東井が強く斎藤を意識していたことは否めない。それともう一つ、彼ができるだけ理論的にと努力した理由には、先の鶴見からの批判があった。彼はその批判に対して、以下のように述べている。

私は、一個の教育実践家としては、たとい「善意の哲学」と呼ばれても、「べったり経験主義」といわれても「東井義雄の弱点」といわれても、「子どもから学ぶ」（小西健次郎）態度、「子どもについていく」（戸田唯巳）という構えで、仕事を進めなければならないと思っている。そうでなかったら、子どもを鋳型にはめてしまうとになるし、子どもの中から、今の大人がなし得なかったものを掘りおこし、新しい世界を創造させる力をひきだすことはできないからである。」（著作集4）

東井の実践家魂がよく表れている。彼が言いたかったことは、「子どもから学ぶ」（小西健次郎）態度、「子どもについていく」（戸田唯巳）ことが、場当たり主義でも、「べったり経験主義」でも決してないという事実を明らかにすることであったと思われる。「子どもから学ぶ」教師でない限り、「子どもについていく」教師でない限り、「子どもを鋳型にはめてしまう」授業になってしまう。そんな非教育的な授業はしたくないという東井の実践家魂の表れである。それと、教師が「子どもから学ぶ」「子どもについていく」姿勢をとらないと「今の大人がなし得なかったものを掘りおこし、新しい世界を創造させる力をひきだすことはできない」という教育観と小西、戸田と兵庫県の両実践家を挙げていることにも注目したい。この点も、アララギ派の歌人であった斎藤喜博とは違うところだ、とわたしは考えている。

批判された「べったり経験主義」に対して、自分は教育実践家だからそれでよい、いやこの立ち位置しかとることができないのだと断言する東井の底には、前章でもふれたように研究者が追及する厳密性・客観性よりもその実践現場での「適切性」こそ重視するという―ショーンに通じる―東井の高度な職人性の現れ、と解釈する方がより正しいのではなかろうか。

学習集団づくり

最後にもう一つ、東井は、授業づくりは授業改善から始まるのではなく、その前の学級づくりの仕事が大前提、ということをよく言う。彼が目指した学級づくり、「教室づくり」とはいかなるものであったのか。別のモノから補足しておこう。そこで東井は、以下のようにまとめている（著作集2）。

1　教師が、ひとりひとりの子どものいのちにふれていけるようになること。
2　子どもひとりひとりが、教師のいのちにふれていけるようになること。
3　子どもひとりひとりが、相互にいのちをふれあい、どんな子どもも馬鹿にせず、どんな子どもからも馬鹿にされず、力になりあい、力にしあうようになること。
4　子どもひとりひとりが、自分の尊さを大じにし、力いっぱいがんばる態勢になること。
5　子どもの父母たちが、教室を信じ、教室の仕事に協力する態勢になってくれること。

これは、もうそのまま生活綴方教育であり、しかも彼が新任の豊岡小から一貫して目指してきた教育実践そのものである。この精神は、彼の次の文言につながっていく（著作集3）。

（欠けているからと）他からなにかをもってきて、上から埋立てるというのではなく、下から子どものいのち自体をゆり動かし、「おやおや」と目をさまさせ、「はてな?」「なぜ?」と、身のまわりの物ごとに問いかけていかせ、「こうかもしれないぞ」と考えさせ、「こうしてみたらどうなる?」と試させ、「しかし、いつでもどこでもこうなるのだろうか?」と確かめさせ、「なるほど」と、ねうちのあるもの、客観性のあるものを主体化させていくような、そういう道すじをとおして、(眼前の子どもたち一人ひとりが現在かかえている)「欠け」を埋め、「土性骨」の確立をはかる以外に道はないのではなかろうか。そして、わたしは、教育実践におけるこの発想、この方法こそが「生活綴方的発想」であり「生活綴方的教育方法」なのだと信じている。文を書くとか書かないとかいうことはひとまずあずけて、とにかく、子どもの、ものの見方、感じ方、考え方、行い方、生き方そのものをゆり動かし、もりあげ、客観性のあるものに拡げ、ねうちのあるものに高めていこうという考え方、これが「生活綴方的教育方法」なのだと考えている。――「生活綴方的教育方法」の定義。

子どものいのちを目ざめさせ、たくましいものに育てあげ、真実の知恵、真実の認識を育てようとしたら(「生活綴方的教育方法」に実を結ばせようとするなら)どうしても、子どもひとりひとりを、学級の主人公の立場、学校の主人公の立場に立たせる

「学級づくり」の考え方を基礎におかなければならない気がするのである。——「学級づくり」の定義。

算数も、社会科も、理科も、家庭科も、いつでも、身のまわりの物事を、自分の目、自分の耳、自分の手足、自分の体、自分の生活自体で、ながめ、考え、しらべ、処理していくようなところからスタートし、また、そこへもどっていくような学習を具体化させねばならぬ。——生活綴方的教育方法による「授業づくり」の定義。

これら三つの定義に基づいて、東井が実践したのが、

自分の目でものを見、自分の頭でものを考えるけいこをさせ、それぞれにそれをねうちづけ、方向づけていくのである。ねらいはそこにあるわけである。どうやったら、一日も早く、子どもたちをその軌道の上にのせることができるのか、それが学年始の私の一番の関心事である。

であった。この授業実践が、東井が目指したどの子どもにもほんものの学力を育てる生活綴方的教育方法である。それは、新任の豊岡小時代に始まり敗戦を経て相田小学校時代にさらに発展させられていくものであった。

少し前に戻って、①「生活綴方的教育方法」の定義をもう一度見てほしい。ここでは、子どもがあるモノに「おやおや」と目を留めて、「はてな?」「なぜ?」と問いかけ、「こうかもしれないぞ」と仮説を立てる（plan）→そして「こうしてみたらどうなる?」と試してみる（do）→「しかし、いつでもどこでもこうなるのだろうか?」と確かめる（check）→「なるほど」とうなずいて、ねうちのあるもの、客観性のあるものを主体化していく（action）というように子どもの側でもPDCAサイクルが機能していることがわかろう。こうして子どもの側でもPDCAサイクルの学習活動を生じさせる指導が、「土性骨」の確立をはかる「生活綴方的教育方法」なのである。繰り返しになるが、この時、子どもが、PDCAの主人公になっている、Pを拒否する権利、言い換えればあくまでも自分でPを選択し決定する権利を持っている、という点を忘れてはならない。

東井の授業実践は、授業をするにあたって子どもの側でもPDCAの学習活動が生じるように教師の側でもPDCA戦略を踏まえていくという考え方であり、さらにはESD

の萌芽すら見られる教育実践であった、とまとめることができる。そして、本節で述べてきたことが、『村を育てる学力』のエッセンスである、とわたしは考えている。

国分一太郎の序

最後に、もう一つ、本章最初で触れた東井の戦争責任と『村を育てる学力』を世間の人々はどうとらえていたのだろうか。研究者や大学人はともかく、学校の先生方、とりわけ生活綴方教師たちはどうとらえていたのか、一例だけ紹介しておこう。それは、彼が新任の豊岡小時代から憧れていた国分一太郎が『村を育てる学力』に付けた序である。そこで、国分はおよそ次のように述べている。

昭和十八年暮、東井さんの子どもが書いた紀元二千六百史の文章に触れた。かつての読書傾向まで知っていた私は「お互いとうとうここまで来たんだなあ」と思った。私にしても、追い詰められていたという感じと、いや、こうなくてはならないかもしれないと思う心と、その二つの入り混じりの中で、動揺していた。

本書のゲラ刷を見せてもらって、私はいっぺんに嬉しくなった。敗戦後の長い沈黙を破って、いよいよ東井さんは外へ出てきたのだ。十二年間の苦しみと反省は、まったく長かった。新しい出発のために、心を整えているその人の苦しみを察した。同時に、戦争中の責任をハッキリさせることなく、(教職を辞して)外側に突き出している自分の軽薄さを恥じる思いがつのる。本書には、己に厳しい東井さんの姿が至る所に現れている。村の教育のことについて、こんなに細かく、こんなに真剣に考えた人が、今までにあったか、と驚かされるほど、この本は東井さんの個性をにじませている。

私もあなたも弱かった。弱い者は誤りやすい。しかし、誤りだったと知った時、教師たるものが悔い改める道はどこにあろう。いま目の前にいる子どもに正しく奉仕する以外に、他の道はないのではないか。この本は、そのことを示して、お互いに誤った時期をもつ私たちに大きな励ましを送ってくれる。いや、それを乗り越えて、若い人たちにも自信を与えてくれる。

東井義雄著作集に収められている『村を育てる学力』にはこの国分の序がない。この序は戦争責任も含めて東井を正当に理解していく一つの貴重な資料ではなかろうか。東井に限らず、歴史的な研究をする場合、初出・初版にまでさかのぼって丁寧に調べていく必要性を、わたしは今回の仕事で痛感させられている。著作集があるからと、それだけを頼りに東井の「転向」を理解したつもりになる性急さから解放される必要があろう。

※鶴見の東井批判は、久野収・鶴見俊輔・藤田省三『戦後日本の思想』岩波書店、一九九五年でも確認できる。

3　通信簿改革

『培其根《ばいそこん》』

どの子も
子どもは　星
みんな　それぞれの光り方で光っている
パチ　パチ　目ばちしながら

子どもはそれを見てもらいたがっている。
無視してはならない
無視が続くと
子どもは　目パチをやめる
無視が重なると
子どもは　光を消す
目パチをやめそうにしている星はないか
光を消しかけている星は　ないか
光を見てやろう。
そして
天いっぱいに
星を　輝かせよう。

校長として最初一年の約束で八鹿小学校（現養父市立八鹿小学校—以下八鹿小と略）に移った東井義雄は、自分でガリ版を切る学校通信『培其根』第六号の余白に、右のような詩を書いている（『培其根』第一巻、一九七八年）。少し解釈してみよう。なお上の写真のように、『培其根』第一巻一号表紙には、培其根の下に「その根に培え」と付記されている。「根を養えば樹は自ら育つ」ということであり、「見えないところ」でひとつながりにつながりあっている「いのちの根」を大切にしようという願いである。

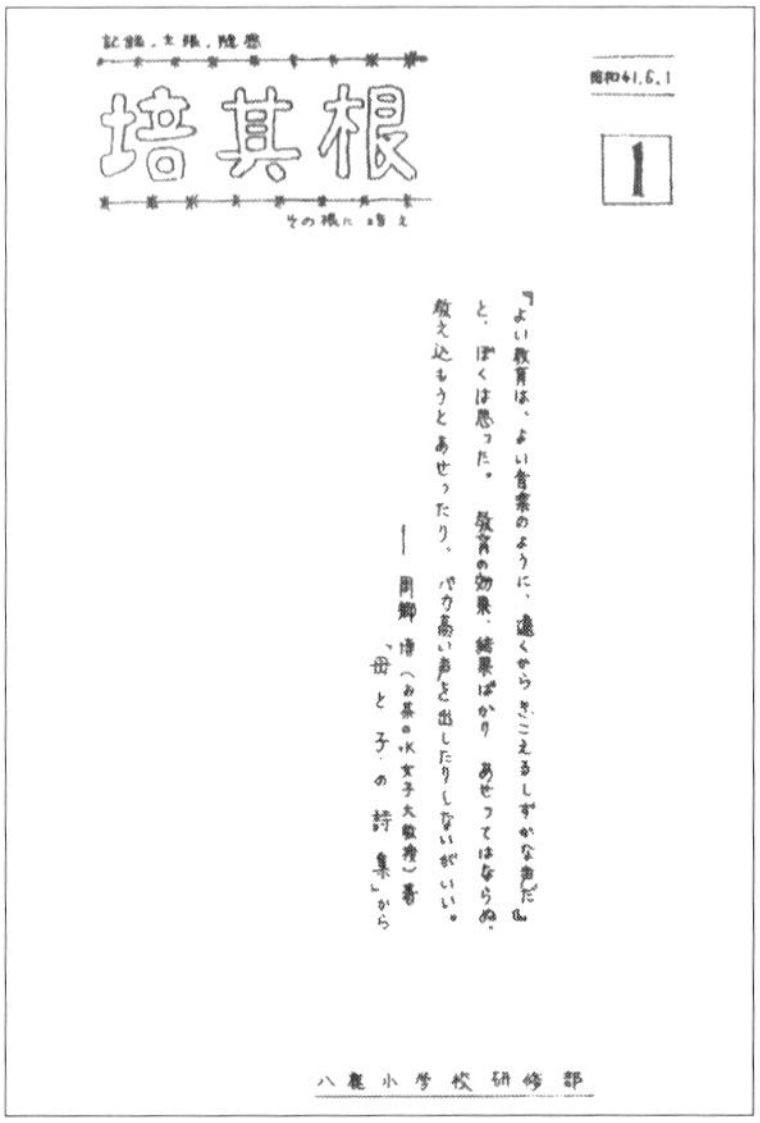
記録．主張．随想

培其根

その根に培え

昭和41.6.1

1

『よい教育は、よい音楽のように、遠くからきこえるしずかな声だ』と、ぼくは思った。教育の効果、結果ばかりあせってはならぬ。教え込もうとあせったり、バカ高い声を出したりしないがいい。

――周郷博（お茶の水女子大教授）著「母と子の詩集」から

八鹿小学校研修部

まず外側から。東井は、相田小学校で『土生が丘』という教師・子ども・地域を結ぶ学校通信の編集とガリ切り役を買って出る。その時も、編集作業をしながら、時々余白に「職員会議中継―ガガガッ―この部分聞きとれず」とユーモアを交えながら、自分の教育観などをさらりと書き加えてすましこんでいる。このスタイルは、校長になった八鹿小でも貫かれる。彼は、校長として職員会議などで本校の教育方針は〇〇である、とトップダウン式に教育理念を教職員に訓示するようなことはしない。そうではなくて、ここでも余白にさらりと先のような詩を書く。八鹿小の教職員や保護者は、校長先生からの指示と押し頂くのではなく、肩ひじ張らずに読む。むしろそのことを東井はねらっていた、と思われる。

このように余白に書く場合でも、彼にはこれはAさんにこそ一番に読んでほしいというターゲットは、もちろんある。しかし、それは読み手には隠されている。彼が密かにねらっていたターゲットのAさんが次号用にそれに反応した原稿を書いて出してくれれば、「わたしが言いたかったこともまさにそれなのだ！よくぞ発見してくれた！」と「ねうちづけ」ていく。こうして、子どもだけでなく、同僚の教職員にも自主性、主体性を育もうとしたのが東井である。

「さりげなく校長としての「ねがい」を表現する→それに教職員が「これはわたしの問題」と食いついて「反応」文を書く→それを校長が「ねうつづける」→保護者もこのサイクル（＝校長の仕かけ）全体を読み取ってほしい」

というのが東井の本音ではなかったか、と思われる。

どの子も学びたい

中味の解釈に進もう。最初の五行。学校に通っている子どもはどの子も星。とりわけ入学したての一年生は、一生懸命目パチしながら、「先生、みんな、わたしの光を見て！」と叫んでいる。この光景は今も昔も変わらない、とわたしも認識している。問題はその後である。どこの小学校でも入学したての元気な一年生はみんな「わたしの光を見て」と叫び続けている。それが夏休み前になると、もう手を挙げる子どもは三分の二位に減ってしまう。入学三ヵ月で三分の一ほどの子どもが落ちこぼれていくケースが多々ある、というのが東井の時代でも、そして今でも、わが国の小学校の常態ではなかろうか。一体、なぜこうなってしまうのだろうか。

どの教師も自分がわざと手抜きをしているとは思っていない。一生懸命授業をしているつもりである。それなのに、なぜ三分の一ほどの子どもが手を挙げなくなってしまうのか。入学三ヶ月もすれば、あの元気な学習意欲がもうしぼんでいってしまう。日本の子どもはそんなに弱いのだろうか。しかし本当は、落ちこぼれていく子どもが弱いからでも、悪いのでもない。教師が無意識のうちに、あいかわらずの「正答」だけを求めていく古い授業スタイルから抜け出せていないところに最大の原因がある、と東井は考えたいたのではないか。では、次の五行を掘り下げてみよう。

ここで東井が訴えていることは、子どもたち一人ひとりの「わたしの光を見て」という叫びを教師は無視してはならないということである。少しでも無視が続くと、子どもは目パチをやめ、やがて光を消す。だから、そうさせてはならない。目パチをやめ、子どもが光を消してしまいそうな状況を、教師はその子に寄りそって常に捉え直し続けてほしい、と東井は思っている。別な言葉で言えば、これは授業中①「正答」か否かで子どもの発言を判断し、「正答」以外を切り捨てていくことを止める、②まちがった答えであろうが、「わかりません」であろうが、黙ってうつむいていようが、その状態を教師が一旦受け止める、③しかも、先生は今わたしのありのまま（極端に言えば負）の状況をそのまま受け止めてくれているという安心感が当の子どもにも、学級全体にも見えるようにすることである。

この状況を子どもの側から見ると、目パチどうしようかと自分が考えている間に、先生は「ハイ、わかった人、手を上げて！」と切り上げる。手を上げないと「まだわかっていない」子だと決めつけてしまう。でも、子どもが手を上げないのは、「もう少し考えさせて」「この事情、先生わかってよ」という意思表示なのかもしれない。だとすれば、挙手がない＝わからない子と教師は性急に判断してはなるまい。こう受け留めるのが、東井である。

だから、東井は授業中に「目パチをやめそうにしている星はないか」「光を消しかけている星はないか」と絶えず子どもを見守ってほしいと願う。目パチをやめそうな子を見つけたら、光を消しそうな子がいたら、直ちに、どうしたらその子は再び目パチを始め、光を輝かせ始めるか、その子に合った手立てを教師が工夫する。これが、「目パチをやめそうにしている星はないか」以下の三行である。

この時、教師は、A子、B男という固有名詞を思い浮かべながら、どうしたらA子やB男がアクセスでき、目パチを再開し、輝き続けることができるかと教材解釈をし直し、授業を構想していく。この種の教材解釈や授業構想が前提になっている。だとすれば、この前提となる取り組みをせずに、目パチをやめそうな子はだれか、光を消しそうな星はないかと目配りし、「今日まだ発表していない人は誰ですか。Cさん、Dさんですね。では今度がラストチャンス、Cさん、Dさんも頑張って！」と声かけするだけでは不十分であることもわかろう。

この場合、何が不足しているのか。今度が最後と声かけをするなら、必ずこれならC

もDもアクセスできるはずという手がかりを教師が新たに工夫して示してやることが前提になる。教師は気軽に「これが最後」と言ってはならない。もちろん、実際にはその手がかりでその子どもが発言するとは限らない。ただし、その場合でも発言できない原因を子どもに帰してはならない。原因は子どもにはない。あくまでも、教師がこれで良かれと思った工夫の方にある、というのが東井の立場、授業観である。

別な言葉で言えば、前者（＝東井）は、授業実践の途中で常に子どもの反応と照らし合わせながら省察を続け、新たな方法を創りだしいこうとしている。対して後者は、授業前に決めた戦略を少しも変えることなく、相変わらず教師である自分に合った方法だけを子どもに押し付け続け、二度も説明してやったのにそれでもわからないのは子どもが悪い、とその責任を子どもに帰してしまう古いタイプの教師、と言える。

ありのままを抱き込む

「目パチをやめそうな星……」の三行で東井が言いたかったことは、手が挙げられないという形ではあるが、本当はそこには、わたしも目パチしたい、輝きたいという強いねがいが隠されているのではないか。しかも、よくできると言われている子どもたちよりも何倍も強い伸びたい、輝きたいという気持ちがあるのではないか。でも、このねがいを挙手しないという控えめなパフォーマンスで表している。この健気さに、まず教師が共感することが先決である、ということを東井は訴えたかったのではないか。

そして最後の二行。「天いっぱいに星をかがやかせよう」と教師は、覚悟を決める。自分の発言が不十分であろうが、ピント外れであろうが、今それをそのまま中身でわたしたちの先生はとりあげ、授業の中に生かしてくれた。そしてみんなもその発言のねうちを認めてくれた、という状況が、教師の力で「星を天いっぱいにかがやかせよう」である。教師は、一人ひとりの子どもをありのまま抱き込む、子どもの方もわたしはありのまま先生に抱き込まれていると体感する。この時、そう覚悟した教師はこの仕事は教師一人でするのではなく、またできるものでもなく、教室の仲間全員の協力を得て、さらには親たちの手も借りながら、わたしたちは一人の落ちこぼしもなく、この学級のみんなで天（＝教室）いっぱいに輝こうという学習主体を育てていくというのが東井の授業観、とわたしは考えている。そしてここには、このような自分の教育観を保護者の方々も承知し、教師や学校を信頼して教師の授業づくりに協力してほしい、という魂胆もあったものと推測される。なお、このような授業の中味については、後の第三、四章で詳述する予定である。

どの子も伸びたがっている、太りたがっている、という気持ちは校長に言われなくてもわかっている。でも実際には、教師は各学期末、学年末には相対評価の通信簿を付けなければならない。あの子は今まで授業であれだけ頑張ってくれたのに、通信簿の評価では申しわけないが1になってもらわなければならない。親の方も、このごろわが子は授業でよく頑張ってくれていると担任からもほめられて喜んでいたのに、通信簿を見るとやっぱり1であった。教師にとっても、親にとっても、そして何よりも子ども本人にとって、これほどの悲劇はなかろう。

相対評価から脱却

東井は、八鹿小でこの相対評価の通信簿改革に乗りだした。そして、これこそ実践家教師がやらねばならない教育正常化の道だと確信した。次に、この問題を『「通信簿」の改造―教育正常化の実践的展開―』（明治図書）をてがかりに検討してみよう。

東井は通信簿改革に取り組んだ時の心境を、『培其根』（第一巻）の表紙で次のように語っている。

学校は「読めない者」のためにあるのである。読めない者が読めるように、できない者ができるようになるためにこそ、その時間が、そして教師があるのである。そうであるのに、家で読めるように練習してこいとか、家でやってきなさいとか要求されることは「楽屋と舞台」が反対になっているのである。パンはひとりももれなく与えられなくてはならない。それも、空腹なものや栄養の劣ったものにまずあたえられるべきである。

これは、学校や学級の狂わせてはならない地軸である。磁石の針は、常にこれを指示していなければならぬ。八鹿小学校では、この前年（一九六五）「通信簿の改革」を断行し、どんなできのよくない子どもにも、その子しか持たない光を発見し、教師と親が相携えてその光を大切にする体制を固めた。例えば国語の読力を評価するにしても、ペーパーテストによって点数に換算し、高い低いの視点で割り切ってしまうのではなく、「高くはあるが冷たい」と、高さにいい気になっている子どもをたしなめたり、「低いがあたたかいぞ」と自信を失っている子どもを励ましたり、「君は点を取ることはうまいが、うるおいがないではないか」と問題点を指摘してやったり、「点を取ることは下手だが、うるおいのある読み取りをやっているではないか」と励ましたりする評価に改めたわけである。

こうして通信簿改革を断行した東井の心には、次のような強い確信、しかも、教師になって三〇年以上も悩み、苦しみ続ける中で身につけた実践知があったのではないか。

子どもは伸びたがっている。子どもは太りたがっている。できる子どもだけが伸びたがっているのではない。できない子どもだって伸びたがっている。できない子どものできない悲しみ、できるようになりたいねがいは、できる子どもの伸びたいねがいの何層倍かもしれない。

ここには、東井の一人ひとりの子どもに寄りそう、とりわけ周辺部の子どもにこそ寄りそうという強い姿勢が現れている。こうして、学校の全教員を挙げての通信簿改革推進委員会が立ち上げられ、夏休みをすべてこの作業に充てる勢いで改革作業が進められていく。その際、校長・教頭あるいは主任クラスから指示を下していく方向（トップダウン）ではなく、新任や転任してきた新しい先生を含む全員が協力しながら、いつも下から積み上げていくボトムアップの方向が採られた。通信簿改革は学校挙げての改革であるが、それを実行するのは一人ひとりの先生方である。先生一人ひとりの自覚と強い意志なしにはできない仕事である、ということを東井は十分に心得ていた。このように学校挙げての熟議の末、最終的に決定されたことはおよそ次のとおりである。

・全ての記録のトップに「態度」をもってくる。

その理由は、知識偏重の結果主義に対決すると共に、いわゆるビリッ子たち、遅進児たちの学習意欲にスイッチを入れ、生きがいに点火しようとねらったからである。しかもこのことが、いわゆるできる子どもたちの学力をほんものにすることになり、すべての仲間から学んで行こうとする態度、できない子どものおかげをも受けてできる子ができるようになっていく認識を育てることになると考えたからである。

・教科毎に指導内容を明確にし、ひとりひとりに確実に「実力」を育てること。

この二点を東井たちは次のように説明している。

わたしたちのねがいは、どんな生まれつきの子ども、どんな素質の子、どんな恵まれない条件を背おっている子どもにも、どこかに光を見つけてやり、ぼたんの花はぼたんとして、しゃくやくの花はしゃくやくとして、すみれはすみれとして、たんぽぽはたんぽぽとして、人間に生まれてきた生まれがいを発揮させてやりたい、ということである。亀を兎にし、兎を亀にするのではなく、亀は亀としてりっぱな亀にし、兎は兎としてりっぱな兎にしてやりたい…（中略）…運動会の徒競争でもつまらない一等よりも、りっぱなビリの方にねうちを認めていこうとしている。

これはもう、プロローグの最初に紹介した「一番はもちろん　尊い。しかし　一番よりも尊い　ビリだってある」の世界である。

×をつけない

こうして東井たちは、学校が子どもたちをテスト成績で選別していく場になりつつあることを認識して、点数で五段階相対評価していく方法を捨てたのである。そうして、

通信簿の評価を
○　十分でない
◎　できる
◎　よくできる

にした。この時一番議論になったことは、充分でないは×ではないかという意見を巡ってであった。でも、×をもらった子どもの気持ちを考えたらどうしても×はつけられない。（今日多くの学校で採用されている△もつけられない）やっぱり○でないとだめだということになった。そして、オール「5」の評価をもらいながら、ちょっとつつかれると「わかりません」としか言えないようなそんな「5」よりももっとほんとうの力をつけることが、今後の私たちの第一の仕事とならねばならない、ということを確認し合った。

ここで、新通信簿「あゆみ」に去年までオール5の子どもに○（充分でない）をつけた教師の記録を紹介しておこう。

〈3年生H児のために〉

昨年度、クラスの最高点をひとりじめにしていた優秀児〈H〉は、三年になった一学期も副委員長に選ばれ、学習はまずまず好調である、だが、テスト成績の結果はともあれ、この子なら、もっと高いところを要求してもやれるはずだと私は考えた。よい成績をあげているが、全心身をぶちあてて学んでいこうとするようなひたむきなものがない。全力を出していない、という感じであった。いろいろ手だてを考えてやってみたが、期待するような変化は見られなかった。

学期末が近づいてきた。私は、この子どもに反省をうながす意味で、とうとう、ある教科の学習態度に○印（充分でない）と、協調性に○印（充分でない）をつけた。どう反応するか、その反応によってはまた次の手だてを考えなければならぬと考えていたが、「頭がよいと調子にのってはいけない」と母親からも注意され、本人も反省したことが、H児の日記を読んでわかった。（後略）

これは、兎は亀と競争して一番になったと喜んでいるだけではなく、兎は兎らしくその特性を最大限伸ばさせようとする試みである。5段階相対評価ではオール5になってしまい、その子にそれ以上頑張れと言えないが、学習態度に◯（充分でない）をつけることによって、「よし、もうひとつ頑張ろう」と一層の「やる気」をおこさせ、兎を兎として最大限伸ばしてやろうとする配慮である。

この事例は、さらに一般化すれば、「入試も、にせものの学力ではなくほんものの学力で突破させてやりたい。にせものには血が通っていない。にせものは根なし草のようなものである。したがって、にせものには、成長も発展もない」という東井の生涯一貫した認識と教育方針につながっていくことはもう説明しなくてもよかろう。

この通信簿改革が、八鹿小の教育改革にいかなる結果をもたらしたのか、つまり東井たちが子どもにほんものの学力をつけさせることにどれだけ効果があったかを検証できる良い資料がある。それが東井義雄・八鹿小学校著『学力観の探求と授業の創造』（明治図書）である。少しだけ紹介し分析してみよう。

「つまずき」度に応じて

相対評価で子どもたちを振り分けなくてもよい通信簿改革は、例えば、六年算数の時間には学級の枠を解体して同学年の三人の教師の間で、子どもの「つまずき」度に応じて、最もつまずきの多い子どもを第一分団に、それよりもつまずきの少ない子どもを第二分団に、ほとんどつまずきのない子どもを第三分団に分けて、しかも子どもにどの分団に行きたいか自分で選択させる体制の「移動分団学習方式」も可能になる。この種の「移動分団学習方式」は東井が新任時代豊岡小で実践したものと同じである。最もつまずきの多い分団を第一分団と命名してよく生じる差別感の排除にも気配りしているところにも、東井の立ち位置が表れている。

第一分団を担当した教師の次のような記録がある。

算数移動分団の経営が楽しい。次々と問題が生じてくるけれども、それらはたいてい私たちが事前に予想していたことであり、そういう問題があらわれてくること自体、私たちの進んでいる方向が、当初意図し計画した方向に正しく進んでいることを示しているようで、心にゆとりをもちながら対処できるのはしあわせなことである。

「先生、家庭学習のプリントはまだできていませんか?」

と、第一分団の子どもがたずねにくる。

「算数なんか嫌いだわい」と自分でもいい、自分は頭が悪いと自分で決めていた彼である。それが俄然燃えはじめたのである。

授業中「ああそうか、わかった！」という叫ぶ声が次々に起こってくる。そうかと思うと、「なんぼ考えてもわからへん」というつぶやきがつぶやかれる。するとすぐ家庭科のHさん（先生）がニコニコしながらつぶやきの主のところに歩み寄って指導してくださる。

「わかった！」という叫びがあがり、その子がこんどはわからない仲間のところに行って、へたながら一生けんめい説明している。

「わからへん」というつぶやきや叫びを私は、いつの間にか待望していることに気づいた。今までの学級の中では、子どもたちは、この声を喉の奥でおし殺していたのではなかったろうか。「わからない」というつぶやきをおし殺し、やがて問題から逃避してしまっていたのではないだろうか。A学級のI君が「わからへん」とつぶやけば、C学級のY君が、「どこがわからへんの？」と寄っていくこの生き生きとした関係こそ、私たちをこの学習方式にふみきらせた夢の関係であったのである。（以下略）

学級の枠を外すという効果がよく表れている。学級の枠を外すことで教師たちは、協働して八鹿小の子どもたち一人ひとりを自分の得意とする教科や方法で教えることが可能になる。また子どもたちは、「わからない」と言えば、先生が丁寧に教えてくれる、さらには空き時間の家庭科の先生まで教えに来てくれる、という指導体制も組めるようになることがわかろう。では、つまずきがほとんどない第三分団の子どもたちはどうなのだろう。それについては、次のような日記がある。二つ挙げておこう。

○ぼくは算数が楽しくて仕方がない。P118の2番がどうしてもわからない。紙に、書いて書いて…（中略）…でもわからない。だが、こんな繰り返しをしていても、少しもあきてこない。次々考えが出てくる。しかし、うまくいかない。宮沢賢治の詩が思い出される。

「……こんな人にわたしはなりたい」という詩が……。ぼくは、こんな人になりたい。何事もやりぬく力のある人間に。

でも、先生、この問題だけはやりぬけない。自分に負けたことになるのか。そうは思はない。明日こそは解いてみせるぞ！　先生、もうねます。

○自分の計画したところまで、やっとやっとできたんです。でも、先生、もうだめ。鉛筆がたおれそうです。からだが消えそうです。先生、おやすみなさい。日記、読めるのかな？　あすはまた力いっぱいがんばります。オヤスミナサイ。

家庭学習が、やりたい問題を自分で選んで自から進んでやる仕事になっていることがわかろう。自分が計画したところまでは必ずやる、という熱意。算数の問題と奮闘しながら、宮沢賢治の詩を思い出せるような学習でこそ、ほんものの学力は育つという東井の信念の現れといえよう。算数の学習が、算数の学習という枠を飛び越えて総合的な学習になっている。こうして、八鹿小の全教員でほんものの学力を育む授業に邁進していくと、わが子が「近ごろ、朝『行ってまいります』の次に『きょうもがんばってくるぜ』ということばをつけ加えるようになりました」という手紙を書いてくれる母親も表れてきたそうである。

小括

東井は、「下農は雑草を作り、中農は作物を作り、上農は土を作る」ということをよく言う。この言葉を教育に当てはめて言えば、下教は学習を嫌がる子ども、学習から逃避する子どもを育て、最悪の場合授業崩壊に陥ったり、結果として小学校六年で三割ほどの「落ちこぼれ」の子どもをつくったりする。中教は生きた学力ではなく、暗記中心の受験学力の「優等生」をつくる。上教は、宿題を出さなくても自ら進んで仕事をする子ども、つまり家庭へ帰ってからも今日の学習の「ふりかえり」をやり、その過程を「ひとり学習」ノートに書くという学習習慣を身につけた子どもを育てる。こうまとめたら言い過ぎであろうか。

さらに彼がよく言うもう一つのことは、

「よい授業は、授業の枠内だけで考えていてできるものではない。授業の始まる前、あるいは終わった後の「たがやし」が必要である」

ということである。言い換えれば、この授業の前と後の「たがやし」を子どもたちが「自ら進んでやる仕事」とするような学習習慣を育むことが前提になる。この前提づくりを踏まえた授業づくり全体を、東井は「生活綴方的教育方法」だと考えていた、この種の「生活綴方的教育方法」によってはじめてほんものの学力を育てることもできる、とまとめておこう。

第三章　言語活動の質を高める授業

1　言語活動の質とは

学習帳の指導

子どもの言語活動を活性化させることが今問題になっている。一体、言語活動の質を高めるとはどういうことか。東井義雄は、この問題をどう考えていたのだろうか。東井は、子どもに綴方を書かせることで言語活動を活性化し、質を高めようとした。「私は四十年の教師としての歴史（新任の時から——引用者）の中で、これだけはまず他人様に誇れるところまで開拓してきたと、自信をもって言えるものは『学習帳の指導』である。」と言っている。彼が最も得意とした「学習帳の指導」が、どのような点で言語活動の質を高めることになるのか、本章ではこの点を実証的に検討してみたい。

東井は、「学習帳の指導」によって、子どもの言語活動の何をどう鍛えようとしたのか。「学習帳」という言葉からもわかるように、ここで問題にされている言語活動は、主として授業における子どもの言語活動である。さっそく東井に聞いてみよう。

> 「綴方」は、先ず、書く・書かぬに先立って、「感じ方」であり「思い方」であり「考え方」であり、「行い方」である。それを大じにし、磨き、育て、客観性のある「感じ方」「思い方」「考え方」「行い方」に育てていくために、「書く」のである。「書いたもの」を機縁に、そのなかにとりあげられている、子どもの「感じ方」「思い方」「考え方」「行い方」を、教師が、そして学級集団が、より確かな、より真理なものに育てていこうとするのが「生活綴方」である。「生活綴方」は、こういう仕方で、子どものことばを磨いていこうとする。そして、「生活綴方的教育方法」は、この仕方で、子どもの「生活」を磨こうと身構える。また、この仕方で、各教科の中の、子どもの感じ方・思い方・考え方・行い方を磨こうともくろむ。そして、それによって、子どもの、主体的な学力を育てようとする。

東井が子どもに綴方を書かせたのは、子どもの「感じ方」「思い方」「考え方」「行い方」を教師が、そして学級集団が、より確かな、より真理なものに育てていこうとするためである。これが「生活綴方」だ、と彼は言う。教師と子ども（＝学級集団）が協働して、子どもの「ことば」・「生活」を磨いていこうとしたのが東井である。彼の特徴は、「ことば」を磨いていくことが子どもたちの「生活」を磨いていくことに重なっている点である。

「ことば＝生活」

と、とらえるのが「生活綴方」であり、この仕方で、

「各教科の中の、子どもの感じ方・思い方・考え方・行い方を磨こうともくろむ。そして、それによって、子どもの主体的な学力」

を育てようとする。これが、東井の教育目標「村を育てる学力」の内実である、と整理することができよう。

授業の中で子どもたちのことばと生活が分離している状態で、言語活動の質だけをいくら高めようとしてもそれは活動主義に陥ることを免れない、ということを東井は経験知として十分識っていた、と思われる。わたしがそう推測する理由は、「学習帳の指導」だけは「他人様に誇れる」と断言しているからである。東井は、自分は授業もへたくそだし、何にもできない人間だと謙遜して言うのが常であるのに「学習帳の指導」に関してだけはこのように自負し、断言している。確認のため、この辺の事情を彼自身の言葉にもう一度聞いてみよう。

（学習指導は）「生活の綴り」を育て、強靭にすることであらねばならぬ。勿論これには様々な仕方があるのであろうけれども、「生活の綴り」に関する限り、それは広い意味で「生活の綴り方」指導である。人は綴方の僭越を言うかもしれぬ。しかしこれは綴方の僭越ではなく、真実な教育が背負う着実な任務でこそある。…（中略）…教科は、子供の探究的な「生活の綴り」を粗末にしては、己が任務を全うする事は出来ないのである。…（中略）…僕はこれまで学習帳指導でこれを実践してきた。

これが、東井の文言である。「生活の綴り」を粗末にしては、教育はできない。別なことばで言えば、すべての教科指導は、子どもの探求的な「生活の綴り」で貫徹されなければならない、ということである。「生活の綴り」を大事にしていけば、子どもの探究的な「生活を綴る」仕事は、自ずと教科書の枠を超え出ていく。教科書の枠を超え出たことを綴り方に書き（＝ひとり調べ）、それを再び教室に持ち込み、教師と子どもたちで協働して磨きあっていく、そして家へ帰ってもう一度今日の学習を振り返る「ひとり学習」をする、これが「生活綴方的教育方法」である。この点については、前章まででも確認してきた。

PDCA

ではなぜ、教科書の枠を超え出ていくような創造的な生活綴方が必要なのか。東井は、とりわけ自然の動植物を観察する場合にこの構えが不可欠だと言う。それは次の文言である。

私たちのまわりのものは、人間のようには物を言わないので、言いつけ（規則・法則・理）を見つけようとすれば、うんとうんと考えたり、実験したりしてみねばならぬ。はてな、と不思議がり、なぜだろうと考え、こうだからこうかもしれないと思い、こうしてみたらどうなるだろうと工夫し、実際にやってみる。その中に、私たちのまわりのものは、自分の中にかくれている不思議な規則（言いつけ）をみんなに語りはじめる。（傍線――引用者）

傍線部分に象徴される東井のこの構えは、たとえば第一章で検討した豊岡小最後の小学二年生の「調べる理科」にはっきりと表れている。つまり、

でんでん虫一つしらべても、お上品そうに、手をふれるのもいやそうに、「でんでん虫には家があって、頭には角があります。」を見つけるのがせいぜいだというような子供には満足できないのです。さわってみ、ころがしてみ、つついてみ、競争させてみるというふうに、でんでん虫の生活の中に没入して、驚き、面白がり、発見するとい

うような子供が欲しいのです。

というように、子どもの方から観察対象に積極的にアクションしていく、そうすれば必ずリアクションが返ってくる。このリアクションの中に含まれているもの言わない対象物が言いたがっていること、わかってほしがっていることを子どもが発見していく活動がどうしても必要である。

［不思議だなあ?→こうしてみたらどうなるだろうと仮説を立てる（plan）→実際に試してみる（do）→検証する（check）→検証結果までの過程を日記に綴る（action）］

というPDCAのサイクルを子どもたちが自主的・主体的に行うのが東井の目指した生活綴方的な「学習帳の指導」である。ここには、当時「日本作文の会」会長の今井誉次郎が懸念し批判していた「生活綴方的教育法適用の誤り」はない。つまり、授業の中に一時的に綴方あるいは作文を書くという作業を入れればそれで「生活綴方的教育方法」だとは決して言えない、ということである。

東井が強調したかったことは、先に引用したように「かたつむりを調べる場合にも、お上品そうに、手をふれるのもいやそうに、「でんでん虫には家があって、頭には角があります」と対象物を静かに外から観察し、報告するだけでは、かたつむりが本当に言いたいことを聴くことができない。かたつむりがわかってほしがっていること＝自分の中にかくれている不思議な規則（＝理）は、見えてこない、ということであった。

だからこのPDCAのサイクルがない観察ノートに、彼は満足しなかった。その事例が、第一章でふれた「柿の研究」である。この研究ノートには、「柿を調べなければならぬ様な必然性も見えない。どれだけのものを、どのようにして調べるかという研究計画も（したがって文の計画も）見えない」と東井が手厳しい評価を下している理由もここにあったことがわかろう。この「柿の研究」には、（P）がない、（D）だけである、したがって（C）も不十分のままであり、研究ノートの文章（A）にもあやふやな部分が含まれている、というのが東井の判断であった。特に東井においては、Pに関して、たとえば教師から「○○を調べてきなさい」という課題（＝宿題）が出された場合、この課題を拒否する権利が認められた上で、すなわち、この課題をやりたくないという権利が認められた上で、子どもが自分から進んでやりたいと選択し、決断した課題であるという、教師と子どもの間の倫理上の厳格な「約束」がある、ということが前提になっている。

不思議だなあ、なぜだろう、こうしてみたらどうなるだろうと試してみる、その結果どうなっただろうかとワクワク、ドキドキしながら検討してみる……のPDCAのサイクルを回していく途中で、子どもからの積極的で適切なアクションに対するリアクションの中に対象物が本当に言いたかったこと（＝規則・理）を発見していくことの楽しさ、喜びをこそ、子どもたちに体感してほしかった、というのが東井の本音ではなかったか。つまり、書くことが探究することであるということを体験できるようにまでしていくことが、言語活動の質を高めることだ、と東井は理解していたものと思われる。

東井はよく次の例を出す。


自分が五年生の時、朝顔の研究に熱を入れた…（中略）…朝顔のがくをたちわって、蕾がどこから出てくるのか調べようとしたこと、一度咲いてしまった朝顔の花をねじって、偽の蕾をつくり、一つぐらいほんとうの蕾とまちがえてもう一ぺん咲くかもしれないと考え、翌朝はやく起きてみにいったら偽の蕾は一つのこらず、しおれてしまっているのを見て「花はやっぱり知っているんだ」と、強く感動したことなど、今もはっきり思いだせる（著作集4）。

この事例にも、確実にＰＤＣＡのサイクルが回っていることが理解できよう。このような自分の体験を子どもたちにもたっぷりしてほしかったのが、東井である。

書くこと

こうしていくと、このモノを読む研究法は、国語の読解指導にも効果的な影響を及ぼすようになってくることを東井は識った。彼は言う。

私費を投じて購入した学級文庫の書物が熱心に読まれた。…（中略）…子等は自ら書くことによって、如何に読むべきかを了解して行った。書くことが探究することであるとわかった彼たちは、読むことも探究であることを自覚した。彼たちは自ら求めて読んだ。高まるために読んだ。だから説教めいた、しかも概念的な倫理を教え込もうとするような文章に出あうと彼たちは真剣に腹を立てた。こんな時にはこうしなければならぬ、というくらいなことはわかり切っている、ところが僕にはそれができないのだ、それをどうしろとこの文はいうのか、とノートのなかで抗議した。

これは彼が戦前・戦中に書いたものであるが、「説教めいた、しかも概念的な倫理を教え込もうとするような文章に出あうと彼たちは真剣に腹を立てた。こんな時にはこうしなければならぬ、というくらいなことはわかり切っている、ところが僕にはそれができないのだ、それをどうしろとこの文はいうのか、とノートのなかで抗議した。」これらの言葉は、今日注目されている批判的な読み＝「吟味読み」（阿部昇）に通じる考え方だ、と言っても過言ではなかろう。とすれば、今まで検討してきた東井の「学習帳の指導」は、国語などの教科でも貫かれていく必要性を東井は主張したかったのだ、とまとめることができよう。

本節を閉めるにあたって、子どもに書かすことの意義を東井はどう考えていたか、紹介しておこう。彼は、以下のように整理している（著作集2）。

○書くということは、自分を客観化することである。自分を、自分にも人にも、見えるようにすることである。

○書くということは、モヤモヤしたものに形を与えることである。したがって、不確かなものを、確かなものにしていくことである。だから、ドリル的な効能ももっている。
○書くということは、考えるということである。書いていくということは、考えを築きあげるということである。不確かな考えを確かな考えにすることでもある。
○（したがって）書かれたものをもとにして、感じ方・思い方・考え方・行動の仕方を磨きあうことができる。集団思考を育て、個が集団に役立ちもする。
○教師は、それによって、教師の仕事を確かめ、これにもとずいて、子どもの生活の論理の上に仕事を築くことができる。

2　子どもの観察日記

子どもにはいろいろなものを書かせた。戦前・戦中を通じて、「書くということは、自分の感じ・思い・考え・行いをほごにしてしまわないために、自分を大切にするために、この上ない有効なことだ」と考え、「ひとりひとりのものの感じ方・思い方・考え方・生き方は、ひとりひとりのいのちのひとかけらひとかけらである。それを自分がそまつにしてしまっては、自分が自分のいのちをそまつにすることになる。自分を自分でそまつにしないためには、とにかく、書くことだ。書くことは自分を大切にすることだ」といってきた私である（著作集7）。

東井は、子どもに書かせる意義をこのように述べている。この点を二つの事例からさらに検証してみよう。

「あさがお日記」（豊岡小二年生）から（著作集3）。

この「あさがお日記」は五月五日から始まって九月一五日に終わる長編。そのうちのいくつかを引用しながら検討していこう。（［　］は筆者のコメント）。

五月五日

きょう、あさがおのたねをかいに行きました。ふくろをひらいたら、たねが五つもはいっていました。かえってから、あさがおのたねをまいて、その上に土をかぶせました。

さあ、あしたがたのしみです。どうなっているでしょう。

〈教師のことば〉

きょうしつのうしろにはってある、よその子どもの理科のように、たねまきのえをかいたらよかったね。［小川の日記に付け加えてほしいことを、仲間の日記からも学べという形で指示している――優等生の小川は、仲間を下に見る傾向があることを東井は気にしているからこういう書き方をしたものと思われる。］

五月一三日

まいあさ、おきてみずをやったり、見たりしていますが、まだまだめを出しません。おかしいです。けさも見ましたが、まだ出ていません。きょう、学校から帰ってからも見ましたが、まだ出ていません。土の中でしんでしまったのかとおもいます。それで、こんどは、ちがったたねをうえました。こんどはきっとめをだすんだよといってうえてやりました。おとうともうえ木ばちにうえました。どちらが早くめをだすか、きょうそうです。　［一度の失敗でくじけず、もう一度挑戦していく根性＝東井の言葉で言えば「土性骨」が窺える。「今度はきっと芽を出すんだよ」ともの言わない種に呼びかけながら播いている。そして弟も巻き込んで、どちらが早く芽を出すかという競争心でドキドキしている様子がよく書かれている。］

〈教師のことば〉

どうしているんだろうかなあ。土がおもくてこまっているんだろうかなあ。土をもちあげるげんきがでないのかなあ。それとも、じょうぶなつよいめをだして、小川くんをびっくりさせてやろうとおもって、土の中で、いっしょうけんめいようういしているのかもしれんなあ。まあ、あまりおこらずにまっていてやりなさいよ。［東井のこのゆったりとした応答に注目したい。先生からのこのような返答に小川はいよいよ『やる気』が出るに違いない―東井はそのことまで見越して応答している。いわば隠された「指さし」である。］

五月一五日

学校からかえって、べんきょうをするまえに見たら、あさがおがめをだしていました。ぼくは、うれしくてたまりません。土をもちあげて、おじぎをして、きみどりいろをして、めがでていました。ぼくはばんざいといいました。きのう、土をすこしよけてやったから、でたのかもしれません。［早く芽が出るように、土を少し掘り起こしておく、そして芽が出ているのを発見して万歳を叫んだ彼の気持ちがよく表れている。しかも、「おじぎをして」「きみどりいろ」と新芽の様子をしっかりととらえている。もう彼はすっかりあさがおと共同生活していることがわかろう。］

〈教師のことば〉

うれしいな。土をもちあげて、おじぎをして、きみどりのげんきないろをして、あさがおくんが、めをだしたんだね。ながいあいだ。くらい土の中で、がんばっていたんだ、外はあかるくて、おてんとうさまがいらっしゃって、小川くんがまっていて、あさがおくんもきっとよろこんでいるよ。がんばってそだててやろうね。

［観察ポイントをきちんと押さえているところを「ねうちづけ」て一層あさがおと共同するよう「指さし」している。］

五月一八日

はたけにうえたのはめがでましたが、うえ木ばちにうえたのが、まだ出ません。おとうとが、うえ木ばちにうえたのは、きょう出ました。ぼくはくやしいです。ぼくは、ぼくのうえ木ばちに、「早くめを出せ」と、しかりながら、水をかけてやりました。そしたら「ひるは水をやってはいけんで」といって、おばあちゃんにしかられました。そ「弟に負けて悔しくて「はやくめをだせ」と怒っている彼の様子と祖母が孫の観察を見守っている様が窺える。」

〈教師のことば〉

小川くんの理科日記はとてもおもしろい。小川くんが、しんぱいしたり、くやしがったり、はやくめをだせとしかって水をやったり、そうして、しかられたりしながら、あさがおくんのことを、ほんきでかわいがってやってくれるので、せんせいは、うれしくてならんのです。あすは、小川くんが、どんなおはなしをきかせてくれるかしらんと、まい日、たのしみにしているんです。「この最後の「ほんきでかわいがってやってくれるので、せんせいは、うれしい。……「あすは……どんなはなしをきかせてくれるか……まい日楽しみにしているんです。」という暖かい語りかけは、東井の得意とするところ、小川は、この語りかけに応えようと一層「やる気」を起こすことがわかろう。」

……（中略）……

六月二六日

きょうは雨ふりです。えんにこしかけてあさがおをみました。ぼくらは、早く大きくなれないのに、あさがおは早く大きくなります。つるは六〇センチほどになりました。ぼくが竹をさしてやったのをおいこしてしまって、のぼるところがなくなって、ふらふらしていたので、おかあさんが、なわをひっぱってくださいました。あさがおは、右からまわって竹にまきついて竹をのぼります。どのあさがおも、右からまわってまきついています。あたまの上のふうりんさんが、ちりんちりんとなって、すずしいきもちがします。［あさがおと自分たちを比べながら、あさがおの成長の速さに驚いている。つるの長さをきちんと測りながら理科的な観察をしている。あさがおは、右巻きに竹を這い登る法則を発見している。ここでも、母親が少し離れて子どもの観察を見守っている様子が窺がえる。］

〈教師のことば〉

いつも、めずらしい、ふしぎなことをみつけるね。小川くんの目はいい目だな。

［東井も彼のふしぎ発見能力を「ねうちづけ」ている。ひょっとすると、東井もあさがおが

右巻きに這い登る法則は知らなかったのかもしれない。たとえ相手が小学二年生であろうが、想定外の教師以上の発見をすることが多々あることをこうして東井は知っていったものと思われる。」

……(中略)……

九月一五日

たねがたくさんできました。たねになるあさがおは、ぼんさんに一本けがはえたようです。ぼくは、たねがじゅくしたら、ぼくらの水ようぶんだんにもっていって、らい年は、水ようぶんだんぜんぶであさがおをそだてます。大ぶんちゃいろになっているたねもあります。花もつるもはもかれてしまっても、このたねは、かれないのでのこっていて、らいねんがんばるのです。しんぼうづよいえらいたねです。〔ここに出てくる水曜分団とは、第一章で触れた豊岡小時代、東井が野村芳兵衛に学んで子どもたちを分団に分けて授業でも、放課後でも指導した方法。小川は、生活指導の分野だが来年はこのあさがおの種を分団全員で育てようとしていることがわかる。〕

このように東井は、子どもたち一人ひとりの「観察日記」に「先生も同感だ」「よく見つけたね」「素晴らしい発見だ」と丁寧に自分の考えや気持ちを書いて返していく。教師からの心のこもった返答に刺激されて、子どもたちはさらに次の観察行動を計画し、仮説し、実験し、試し、検証し、そしてこの過程全体を綴る日記を書いていく。ここにもＰＤＣＡのサイクルがあり、しかも、子どもがこのＰＤＣＡを回す主体・主人公になっていることが明らかになった。これが東井流の言語活動の質を高める実践の内実である。

小川はこのあさがおの観察と同時に、「おたまじゃくし」「金魚」「つばめ」の観察日記もつけている、この理科の観察ペースは、三学期になっても増えこそすれ減ることはなかった。三学期のテーマは、ビタミンシー、そら豆日記、そらのふしぎ、水のおんど、目、こままわしの理科、つくし、つらら、おもちの理科など合計二〇にも上る。このようなテーマを自分で独り占めするのではなく、「あさがお日記」の最後にもあったように、みんなと共に育て、調べていこうとする気持ちが出てきたことを東井も喜んでいることを付け加えておきたい。

雑草の生きる力（相田小六年、著作集１）

東井が相田小で六年理科の授業「生物の生活―生物はどのように生きているのでしょ

う」という単元を扱っていた時。澄ちゃんという一人の女の子は、「雑草のふえる力の研究」というテーマを選んだ。彼女がこのテーマを選んだ理由は、「この研究がうまくまとまれば、畠の除草なんか、大体、何日目ぐらいにすればよいか、それを忘れると、草の種が地に落ちて、どんなにひどい草山になるか、そういうことを考えて仕事をしていく上に何とか役に立ちそうだ」という考えがあったようだ、と東井は推測している。それともう一つ、東井は研究テーマを子どもたち各自に選ばせている。それは、それぞれ選んだテーマに沿って子どもたち一人ひとりが行うPDCAのサイクルを回す主人公になるためであることもわかろう。以下、澄ちゃんのノート。

きょうはヘビダンジのたねをしらべてみた。ヘビダンジの一ほ（穂）には、実が三五三もついていた。ところがおどろいたことに、私が一つぶだと思っていた中に、白いようなたねが四つぶもはいっていた。だからほんとうは四×三五三＝一四一二つぶはいっていたわけだ。だから、うっかり草とりを怠けていると、一四一二×一四一二＝一九九三七四四にふえることになる。この実は、おちたらすぐ生える用意をするのだろうか。何日ぐらいで実を結ぶのか、しらべてみたいと思う。

ヘビダンジのたねのことから、ほかの草のたねもしらべたくなった。ヘビダンジより、もっと生きる力の強い草はないか、と思ってさがしていると、ヒメジョンがみつかった。ヒメジョンは一つの花でたねが三六八もあった。一本の茎には、約一〇〇の花がついているから、ヒメジョンは一本でも三六五〇〇くらいのたねをもっていることになる。これが風にとばされて、あっちにとび、こっちにとびして、ひろがるのだろう。ヒメジョンはよっぽど強い草らしく、ずい分土の固いところでも生えて、私よりもせいが高くなっている。だれにもまけないがんばりやの草だ。

この研究に対して、東井はおよそ次のような解説を付けている。

彼女は、ヒメジョンの次は、オオバコの種を調べ、そこからは、「たねのちらし方」の調べに代わって、まずカタバミのたねのちらし方…（中略）…というように、この研究は続いている。

澄ちゃんは、算数も、教科書の問題を考える、という程度のことでは済ませていない。毎日「ふろたきの算数」「ごはんたきの算数」「畑しごとの算数」…（中略）…

というように、算数で身の回りを考えることを続けている。そして、それを「算数日記」にまとめている。

以上、雑草の生きる力の研究から、さらに他の雑草のちがう側面の研究へ、そして他教科の「算数日記」へと研究は広がって行く。しかも、「算数日記」に明らかなように、その研究範囲はどんどん教科書の枠を飛び出していくさまが見て取れる。ここからも東井が目指した言語活動の質を高める内実が見えてこよう。子どもの習得・活用・探究活動が混然一体となった学習活動を展開していくことが、現学習指導要領の目玉である。先に見てきたように、東井が重視した「調べる綴方」や「調べる〇〇日記」はもうそのまま習得・活用・探究活動が混然一体となった「自ら進んでやる仕事」であることが明らかになった。それは、どんどん教科書の枠を飛び出て調べる目標がオープンエンドになっていることをメルクマールとする東井特有の学習習慣である。

3　みんなで磨きあう

赤ペンで雑談

豊岡小に教師として就任して五年目、東井は高等科（＝今の中学生）を担任するようになる。第一章でも触れたように、子どもたちは、毎日野蛮人のように喧嘩をし、怒鳴りあい、小さい子どもの大将になって走り回っている。綴方を書こうよと指示しても、なぜ綴方を書かねばならないのか、その必然性が彼らにはわからない。「日常の生活を粗末にするな」といくら東井が語りかけても、その真意が彼らの心には響かない。でも、この子どもたちは、勉強があまり好きでないから仕方がない、とあきらめないのが東井である。

東井は、子どもに綴方を書かそうと、最初のうちは、従来どうりの指導言を書き込んでいた。しかしこの種の指導言をいくら書き込んでも、それが子どもには響かない。どうしようかと考えて、そうだ、子どもの綴方と教師の指導言の量で勝負しよう。子どもが三〇〇字書いてきたら、いかなる内容であれ、その内容を一旦ありのまま抱き込んで

（＝これが大切）、それに関して四五〇字の雑談を書いて返す。こんな自分でもつまらないと思う雑談でも先生は四五〇字も書いてくれた。先生に抱き込んでもらったのだから、さらに僕は五〇〇字書いてやるぞ！という競争心を引き出そうと考えた。これがみごとにあたる。

この成功へのプロセスは、

［従来通りの指導言方式ではらちがあかないと判断→綴方の中身は問わず抱き込む、子どもにも見える文字数で勝負しようと判断し・賭けにでる→子どもの競争心を引き起こすことに成功する］

と、整理することができよう。この整理が認められるなら、この時点で、東井は教職に関する相当高度な職人性（カンやコツさらには〈わざ〉）を確立しはじめていた、言ってもよかろう。ここに、教師と子どもの雑談を介したコミュニケーションが成立してくる一つの秘訣がある。「正答」にこだわる教師にはできない、優等生中心の学校ではできない雑談、それを受けた子どもの雑談、どんな雑談でもこの先生は受け止めてくれる、という教師に対する信頼関係がここにはできている。だから、教師と競争しようという意欲も出てくる。さらにここからは、それらの雑談を学級で交流しあい、認めあい、磨きあう、という東井特有の学習集団づくりの原型も見えてくる。雑談から見えてくることは、この先生は、あんなわたしの雑談でも聴いてくれた、という安心感である。この先生の下では何を書いてもいいいんだという「居心地の良さ」を子どもが感じる＝「居場所」づくり。これが、東井の生活綴方的教育方法の核心といえる。

聴きとってもらえる

この種の聴くということに関して、哲学者鷲田清一は次のように述べている。

「わたしはもうだめなのでしょうか？」という患者の尋ねに対して、どうこたえるか？

①「そんなこと言わないで、もっと頑張りなさいよ」と励ます
②「そんなこと心配しないでいいのですよ」と答える
③「どうしてそんなこと心配なさるの」と聞き返す

④「これだけ痛みがあると、そんな気にもなりますね」と同情を示す
⑤「もうだめなんだ……とそんな気がするのですね」と返す

多くの精神科医は、⑤を選ぶ。一見、なんの答にもなっていないようにみえるが、じつはこれは解答ではなく、「患者の言葉を確かに受けとめましたという応答」なのだ、〈聴く〉というのは、なにもしないで耳を傾けるという単純に受動的な行為なのではない。それは語る側からすれば、ことばを受けとめてもらったという、たしかな出来事である。…（中略）…聴くことが、ことばを受けとめることが、他者の自己理解の場を劈くということであろう。

つまり、「…というわけですね」というふうに、じぶんのことばをうけとめてもらえる経験、じぶんのことばを聴きとってもらえる経験が、受苦者にとってはとても大きな力になる。

東井をはじめ生活綴方教師が何でも言える学級をつくりたいという場合、この鷲田の「じぶんのことばをうけとめてもらえる」という経験を一人ひとりの子どもにさせることである、とまとめることができよう。

　このような安心感を土台にして、教師をも疑う、教科書をも吟味する。そして、自分の眼や手足や心臓まで総動員して身体全体で大きく「なるほど」と納得できる証拠を探しだそうとする主体的な思考態度を子どもに育てようとしていた東井の教育観が窺える。彼は、このような思考態度を授業の中に持ち込み、

［ひとり調べ—みんなでの分けあい・磨きあい—ひとり学習］

という形で学習サイクルを回していく集団思考（＝学習集団の授業）を組織する。このような集団思考の授業の中で、はじめて子どもの言語活動は磨きあわれ、質の向上も実現できる、と考えていたのである。

問うのは子ども

　教師が問いを投げかける。子どもがそれに応えていく、ということの繰り返しに終始する授業を見かけることが多い。が、「学問」の「問」は、教える側に属するものだろうか。教師が子どもに「問い」を投げかける場合でも、教師としては、いつかは、

子ども自身が「問い」をもってくれるように…（中略）…というねがいをこめて問うべきではないか。「ほんものの学力」は、子どもが問い続けることによって身についていくものだからである。」

（東井「学力をどうとらえればよいか」砂澤喜代次編『教育学入門』、一九八〇年）

と、東井は言う。この「ほんものの学力」を「ほんものの言語活動」に置き換えれば、今日要請されている子どもにつけなければならない真性の言語活動とは何かも見えてくるのではないか。

先に引用した砂澤編『教育学入門』には拙論「授業をどのように評価するか」も載っている。わたしの生涯で東井との一度だけの共演である。三〇代半ばに書いた懐かしいこの小論は、内容においても東井と共通点がある―わたしがこの点でも東井から学んでいたという方がより正確であろうが。正直に打ち明ければ、なぜ教師の問いだけを発問と称するのか、という観点から授業実践レベルで発問の発展史を徹底的に探ってみたい、というわたしの博士学位論文につながる発問史研究への一つの大きな刺激になったのである。

その拙論で、わたしは、「授業をどうみるか。最初に計画した通りに進行し、終わるのがよい授業か」と問いかけて、兵庫県のK小学校で観たわたしの研究仲間の授業を例としながら次のように述べている。

算数で平均の単元の最後の時間、定着度を検査するために五問練習問題を出した。第1問目は、一両目に五三人、二両目に四六人、三両目には○○人、……乗っていた。一車両平均何人乗っていたか?という問題。計算できた者が数名前に出てそれぞれ式と答え四五・六人と書いた。その時、算数が苦手でまだ計算ができていないA君が「先生、○・六人なんて人間いるの?」と尋ねた。

この場合、「乗客の総数÷車両の数」で答えが出るということが分かっている子どもたちも、そして四五・六人という正答を出すことだけで自分はもうできたと思っている子どもたちも一瞬びっくりした。と、同時に、そんなバカなことを考える暇があったら早く計算して問題を解けばよいのに、という目で質問者の方を見ていた。その時、教師は「A君、すごいところに気がついたね。実は先生もそこまでは気がつかなかった。よし、今日は平均の場合にはなぜ人間が少数以下になることがあるのか、そのわけを徹底的に考えてみよう」と予定を変更した。

そのため、最初に予定していた平均の定着問題はできなくなった。この授業は予定通り進まなかったから失敗した授業だと判断すべきなのだろうか。教師は、四五・六人という正答を出しているか否かだけを点検していくのがいいのだろうか。こんな質問をする子は正答が出せなかったできない子と判定するだけでよいのだろうか。そして、「平均の場合には人間でも少数以下になることがあるのですよ。わかりましたか。よくおぼえておきなさいよ。では、次の問題に行きます。今度は頑張ってね。」とだけ言って、あくまでも最初予定した練習問題をやり、予定をこなすことに専念すべきなのだろうか。はたしてどちらがよい授業なのだろうか。

と、述べている。この拙論の記述からも明らかなように、わたしは、よい授業とは何かという判断基準でも、東井と共演できていたと思う。だからというわけではないが、わたしは、東井の先の発問観に賛同する。さらに、前章までで検討してきたショーンの「実践の中での省察」にもこの事例は当てはまっていよう。

発問の歴史

さて発問の歴史をさかのぼってみると、言語活動の質を高め、子どもが自分の頭で考え、自分の意見を持ち、そして自分の意見を他人に説得していくことができる力を育むためには、教師はいかに発問していけばよいのかという問題は、民衆学校の教師養成に携わる者の重要な課題であった。発問を本格的に追究したディンターは、良い発問をするための法則を説いている。その中の二つを紹介しておこう。

Ａ　わからないことがある場合、子どもが自分から問うようになったら、教師に自分から異議を申し立てるまでになったら、あるいは、教師から問いただされる前に、当の事物について自分の意見が述べられるようになったら、その教師は多くのことを達成したといえる。

Ｂ　問答に名誉があるのは、子どもが教師に教えられたとおりにしゃべっている時ではない。この時彼らはほとんど考えていない。彼らが日常語で実際的な対象についてわかりやすい意見を述べている時である。

ディンターは教師養成所の生徒向けの教科書『問答法の最良規則』（一八〇三年）でこう述べている。言語活動にからめて少しコメントを付けておこう。

Aは、発問の目的を明確に示したものであり、東井が発問に関して言いたかったことに通じる。つまり、子どもに［疑問と常住する思考習慣］を形成することである。

Bは、教師の言ったとおり、教科書に書いてあるとおり暗記していく指導から完全に脱却している。これも、東井が教科書も、教師さえも疑えと言ったこと、さらには自分の日常的な身の回りの中から、「不思議だなあ」「なぜだろう」という疑問を探しだし、その疑問を解決しようとさらに観察を深め、こうかもしれないぞと試して、わたしはこう考えたが、この考え方でよいか、もっとよいわかり方はないか、とわかる過程を仲間と分けあおうとする行為に通じる。

もう一つ、発問に関して、東井と同じ考え方をしていた教育学者を紹介しておこう。それは、わたしが発問の発展史をさかのぼって追究していた時に掘り起こしたディースターヴェークの以下の発問観である（『教授指針』一八三五年）。

ソクラテス法（＝子どもから答えを引き出す産婆術）と言われる方法の本質は、教師が子どもに問うということ、教師の語りかけを疑問形にすることではない。そうではなくて、子どもが問いそのものを見つけようとするように、そしてこの問いを解いてみたいという意欲をもって徹底的に考えるように刺激することである。大切なのは、子どもに、教えるべき対象に取り組みたいという「知的飢え」を引き起こすことであり、その飢えを自分で満たすことができる途を示してやることである。この役割を教師の語りかけに持たせたとき、それは本当の発問になる。

ディースターヴェークのこの発問の定義は、本節冒頭で引用した東井の発問観と同じである。要するに、授業の中に「問う―答える」という形を作ることが問題なのではない。たとえ子どもが答えを口に出して言わなくてもよい。答えを求める思考活動・言語活動を頭の中でどれだけ活発に、しかも発展的にやるかということが本質である。答えは「知的飢え」を刺激するスパイスの役目を果たせばよい、ということになる。

発問をこのようにとらえ、答えをこのように位置づけるなら、マチガイの答えでも、あるいは「わかりません」でも、学級の子どもたちの思考活動を刺激するスパイスにすることだってできる。それが可能か否かは、教師の腕次第である。とすれば、理論上はどの子のどんな答えを「ねうちづけ」てでも、授業を展開することが可能になる。「わかりません」「できません」にでも、あるいはうつむいて首をかしげているだけでも「今Aさんが首をかしげているが、先生もわからなくなってきた」という形で教師が「味方」しながら授業を展開していくことが可能になる。このような発問観に基づいて子どもの前に「横たわってやる」ことで子どもたちの言語活動を活性化していくことを得意としたのが東井であった。わかりません、できませんをもねうちづけて授業を展開するという点で、これはショーンの「実践の中での省察」である。

ここまで述べてくると、もう一つわたしが中身で東井と共演していたことがわかる。それは、以下の文章である。

教師は…（中略）…子どもたちの生活の実態を見抜くこと、その生活の中で彼らは何を見、何を見ていないか、何を感じているか、というところまで深くつかんでおく必要がある（東井の言う「授業はその授業時間から始まるのではない。子どもはその前までの全生活を引っさげて今日の授業に参加している」に通じる考え方――引用者）。子どもの一見何でもないことば、授業の中でのつぶやきやささやき、それらの言葉の奥にあるものを見抜いていく必要がある。そして、はじめて子どもの発言（「わからない」という発言も含む）やつぶやきを教材と結び付けて解釈し、その発言やつぶやきの中に、集団思考を組織していくきっかけになるような「ねうち」を見つけ出していくこともできる。ここから、「正答」に乗っかった授業ではなく、一見「ねうち」のないように見える発言やつぶやきの中に教材の本質に迫るきっかけになるような「ねうち」を見つけ出そうとする努力がなされている…（後略）…

ここに引用したことは、第一章で触れた東井が目指したつまずきを克服する授業の〈わざ〉の一端を分析整理したものである。この点でもわたしは東井と共演していたと思っている。

問と答の間で

ここで、本題の東井に戻ろう。彼は、

綴方の要る教室は話のある教室…（中略）…話を聞き合う教室、聞くことにより、喜びを共に喜び、悲しみを共に悲しむ教室でなければならぬ。わかったことがらをわからせるだけではなく、わかり方(わかる過程)も語れ。

と子どもに呼びかけている。子どもが自分の言語活動(内言)を打ち明け、それをみんなと分けあい・磨きあう学習集団の授業をつくりだそうとしていたのである。その際、わかった結果(=答え)だけでなく、そこに至る過程(=わかる過程)まで語れ、と呼びかける。東井は一人ひとりの言語活動(内言)を可視化し、それを教師も含めてみんなで分けあい・磨きあうような授業を展開しようとしていたのである。

ここでもう一つ確認しておきたいことは、大田堯が「『問』と『答』との間」(一九六五年)で警告していること、つまり今の子どもたちは小学校時代から受験体制にのみ込まれて、答えに至るまでの面倒な過程をパスする傾向、答さえ合っていればいいという受験学力にどっぷりつかってしまっているということである。こう大田が指摘した時と、前章で問題にした東井が八鹿小で大田の言う「問と答の間」での学習を重視するために通信簿改革を断行した時は同じである。答えさえ合っていればという短絡的で薄っぺらな「学力」を否定する授業は、答えが「正答」か否かということよりも答えに至る過程をああでもない、こうでもないと学級全員で考えあい、学びあう過程を重視する。同じことを大田も強調している。大田は次のように述べている。

問いというものが…（中略）…自問、他問にかかわらず、問いに直面して、それに対する答えを出す過程で、ああも考え、こうも考える、いろいろ曲がりくねって考えた末に答えを出す。しかもそれがテストの場合のように一つとは限らないで、二つも三つも出し得る場合が一般には多いに違いありません。そういう問いと答えとの間を曲がりくねって考えぬいていく過程、その間で人間は発達を遂げるというようなものだと思います。いわば問いと答えとの間に教育と学習との本質があるのであり、教師は、問いと答えとの間に勝負を賭けているといってもいいのです。そこに教師の専門性というものが含まれているという言い方をしてもよいと思うのです。

「正答」か否かで授業を進めていく教師は、学級のみんなで討論しあいながら何度も何度も曲がりくねって答えに至る学習の真価（＝学習の面白さ）が理解できていないのである。この真価を了解している教師は薄っぺらな「正答」に対して「わからない」という子どもに味方しながらゆさぶりをかけていく。そしてこのゆさぶりの結果薄っぺらな「正答」では不十分なのだ、もっともっと「なぜだろう」と疑問に思い、「この場合はどうなのか」とみんなで考えあっていく授業の方が楽しいと感じるようになっていく。そういう授業を成立させるために、教師は「問いと答えの間に勝負を賭けている」――これが教師の「専門性」である。東井でいえばゆさぶりである、と整理することができよう。

「稲むらの火」

［ひとり調べ―みんなで分けあい・磨きあう―ひとり学習］という形で、言語活動の質を高めようとした東井の授業「稲むらの火」（五年）に例をとり、どこでどんな形で言語活動の質が高まったのかを具体的に検討してみよう。

これは、丘の上に住む庄屋五兵衛が、秋の夕刻大地震にあい家を飛び出し海を見、津波の前兆を発見する。だが村人は、地震に気付かず祭りの準備をしている。村人が津波に襲われる前に、丘の上まで避難させねばならぬ。寺の早鐘を打つだけでは間に合わないと判断した五兵衛は、とり入れ前の自家の稲むら全てを燃やす。庄屋さんの家が火事だ、消火に行こうと村人が丘へかけあがって、村人全員が助かった。

という実在の人物、濱口儀兵衛をモデルにした物語である。

ひとり調べをやらせて、東井がノートを見ると、Sという勉強があまり芳しくない子どもが妙なつまずきをしている。稲むらの全てに火をつけ終わってたいまつを捨てた五兵衛がじっと沖を見つめる場面を、Sは「五兵衛さんは、豊年でたくさんとれた稲をみんな燃やしてしまって、おしいことをしたと思いながら、じっと沖を見つめているのだろう。」と書いている。東井は、次の磨きあいの時間わざとSにそれを発表させる。その続きの場面を引用しておこう。

ほかの子どもは「おかしいぞ」と、つぶやきはじめた。ほかの子どもたちは、そんなケチな五兵衛さんではない、犠牲的精神にあふれた人だと読みとっているのだ。だが、Sくんのような読み方が成り立つなんて、考えてもいなかっただけに、それを否定できる証拠まではつかんでいなかったわけだ。そこで、私は、わざとS君の味方に立ってやった。

「だって、豊年でたくさんとれた稲を、みんな燃やしてしまったんだから、惜しいことをしたと思っているかもしれないじゃないか」

「先生、でも、どうも、五兵衛さんは、そんなケチな庄屋さんじゃないと思うんです」

「みんなはそう思うかもしれんが、こっちは、こうだろうと思うわけなんだ。こう思ったっていいじゃないか」

「先生、それでも、そんな五兵衛さんとはちがう気がするんです」

こちらが、こういってねばるものだから、子どもたちは、私とSくんをやっつけるために文を読み返しはじめた。みんな、真剣勝負のような目つきで、文を読んでいる。やがて、

「あった！」

ひとりの子どもがさけんだ。

「何があったんだ」

「先生、五兵衛さんは、稲むらに火をつけるまでにつぶやいています。『もったいないが、これで村じゅうの人が救えるのだ。』と、つぶやいています。ここを読んだら、五兵衛さんも、一度は『惜しい』と思ったことがわかります。でも、けっきょく、村の人のいのちが大じだということに心がおちつきました。それが『のだ』という、強

い言い切り方でわかります。Sくんは、この『のだ』を読んでいないから、あんな妙な考えをもったんだとおもいます」

「うーん。なるほどそうだなあ。『のだ』は、そういうはたらきをしていたんだな。『のだ』に、そんな大じな意味がこめられているとは、去年の五年生も、おとどしの五年生も気がつかなかったぞ、ほんとうのことをいうと、先生も、そこまでは気がついていなかったんだ。まいったなあ」

……（中略）……

「あった！」

「何があったんだい」

「先生、五兵衛さんは、そうつぶやくと『いきなり』稲むらの一つに火を移してい ます。『いきなり』というのは、もう思いが決まってしまったから『いきなり』です」

「なるほど、そうだなあ」

……（後略）

このような形で、子どもたちは次々とSと教師の読み誤りの証拠を文章から探し出していく。その後、東井は、「そんなにたくさん証拠があるとすると、こちらが、勝手気ままに読んではいけない、ということになるね。それにしても、きょうの勉強は、近ごろにないはっきりしたいい勉強ができたと思うんだが、こういういい勉強ができたわけを考えてみると、Sくんが、ああいう読みまちがいをやってくれたおかげだなあ。きょうの文化勲章はSくんだなあ」と言って、Sをねぎらっている。東井の面目躍如といったところである。

Sの読みまちがいに教師が味方しながら、子どもたちをゆさぶっていくこの手法は、ただ単に「文章から五兵衛さんがケチでない証拠を探そう」という発問より、インパクトが強いことがわかろう。こうして東井は、子どもたちに教師をやっつける具体的な証拠を文章の中から探し出す言語活動の渦を学習集団で展開している。

ゆさぶり

なお東井は、勉強があまり芳しくない子の「読みまちがい」と言い、S君を「ねぎらっている」が、果たしてこれは読みまちがいだったのだろうか。一見読みまちがいのように見えるが、それを教師が生かすことに成功すれば、あれだけ深い読みをみんなにもたらすまでに授業が盛り上がった。Sの読みまちがいは、それだけの「ねうち」を孕んでいたのではないか。読みまちがいに見えるようなことをも活かすことで授業を盛り上げ、子どもたちの言語活動の質を高めていこうとする東井の職人技である。これを東井は「ねうちづけ」と名付けている。つまり、東井が、この部分をもっと深く読んでいく必要があるということを事前に構想していた時、ちょうどタイミングよくSの解釈に出あった。よし、これをてこにしてこの部分をさらに深く読み込もう、と判断したのではないか。いわば東井の確信犯、とわたしは解釈している。

別な言葉で言えば、これは先に触れたディースターヴェークが整理したところの、子どもから答えをとるのは、子どもの思考活動を刺激するためであるという「答え＝スパイス」説の実践化である。さらにショーンと関連付ければ、これは職人的な〈わざ〉の具体例である。

わたしがそう解釈する（＝ねうちのある「読みまちがい」）証拠を一つあげておこう。戦前の有名な生活綴方教師鈴木道太は、戦前の読本にもきらりと輝く優れた教材があった例として、この「稲むらの火」を挙げて次のように述べている。

「稲むらの火」などは、戦前教育紙芝居などにつくられ子どもたちにあたたかい感動を与えたものであるが、それは主人公の五兵衛が村人の命のために農民がもっとも大事にしている自分の稲を燃やしつくした犠牲があったからである。」

「稲は百性にとって、一年の汗の結晶である。こんにちのような農機具の発達していなかった昔は、それこそ粒々辛苦、汗の結晶である。それを五兵衛は火に燃いた。自分の稲田の稲のすべてに火を点けた。津波の予感は五兵衛の経験と生活の知恵であろう。しかし、早鐘をつくぐらいでは村民のすべてを高台に集める手段にはならない。五兵衛は自分の、いわば百姓の宝を灰燼にすることによって村人全体のいのちを救ったのである。文章も簡潔で、くどくどとした五兵衛への感謝の言葉などを書いていない。「無言のまま五兵衛の前にひざまずいてしまった」で切ってある。ヒューマニズムにはかならず犠牲が伴う。五兵衛の場合は農民の汗の宝を灰燼にした。」

今紹介した鈴木道太の読みに近いところまで東井の子どもたちは達している。それともう一つ注意してほしいことは、この時、子どもたちは「教師に指導されている」とは少しも感じていない点である。もちろん、これだけの授業展開ができたのは、確かにここに厳然とした教師の指導（＝職人〈わざ〉）がある。でもその指導は、子どもには感じられない。指導が子どもには隠されているからである。それと、もう一つ、第四章で詳しく問題にするが、この庄屋五兵衛はさらに大きな器の人物であったのである。

「教師の指導はある⇕だがその指導は子どもには隠されている」

これが東井の最も得意とする指導法である。この点で、彼の指導は、まさに「職人〈わざ〉」とさえいえる。

教師をやっつける証拠を文章の中から探せ、と教師が子どもの前に横たわってゆさぶりをかけ、子どもを証拠探しに熱中させる術が、言語活動を活発化させる東井特有の手だてである。

「子どもはひとりで調べたことをノートに書く↓それを授業の前に教師が見る↓読みのつまずきを発見する↓よし、これを使って子どもの前に横たわってやろうと授業構想をたてる↓そして子どもに「文章から証拠を見つけよ」と迫る」

ことで言語活動を活発化させる。このように授業構想を立て、子どもが探しだした証拠に一つひとつ丁寧にうなずいてやり、ますます子どもの「やる気」を引き出すところに、そして周辺部の子どもにも必ず目配りしているところに東井特有の指導ポイントがある。ひとり調べのノートは、重要である。この点で、東井はおよそ次のように述べている。

「ひとりしらべ→わけあい・みがきあい→ひとり学習」…（中略）…このひとりしらべをノートにやってくる…（中略）…私はそのノートを見て、子どもが、どのことばを、どんなふうにおさえて読んでいるか、それをつかんで「授業」をするわけだから、こんな確実なことはない。「賭け」なんかしなくとも、安心して、「石橋」を渡ればいいことになった（著作集4）。

なぜ、東井は授業中にあのようにタイムリーに「ゆさぶり」をかけることができるのか、あれは東井さんだからできるのだ、平凡な教師にはできっこない、と思われることが多々あるかもしれない。しかし、ここまで検討してきて、東井の「ゆさぶり」の秘訣は、普段から子どもに考え読みノートを書かせ、それを教師が事前にサーチしておくことにあったということが明らかになった。ここでもわたしは、東井の授業術＝職人〈わざ〉を可視化することを試みたつもりである。

4　ねうちづけと指さし

ねうちづけ

東井の授業の特色は、先の授業例からもわかるように、子どもたちの活発な言語活動である。ところで、どうしたらあのような活発な言語活動を呼び起こすことができるのか。それは、東井が得意とする子どもの発言や行動を「ねうちづけ」て「指さす」という教授行為にあるのではないだろうか。この点に関して少し具体例を挙げながら再度考えてみよう。

東井は「あなたは、うまいこと子どもをほめる。（教師に――引用者）ああいうふうに言われると、ほんとに自信が出てくるようだ。」と授業参観した人からよく言われたそうだ。それに対して東井は、「別に子どもをおだててあげるというような『手』を考えているわけではない。ねうちがあるからねうちがあるといってやるのだ」と反論している。この反論の中に、言語活動の質を高める指導のポイントが隠されているのではないか。

「稲むらの火」の授業例、〈日はもうしずみ、あたりはうす暗らくなっていた。いならの火は天をこがした。山寺では、この火をみて、はやがねをつきだした。〉の場面を読み取って書き出した子どものノートに、東井はそれぞれ（　）のようなコメントを付けている（なお、傍線は引用者。著作集5）。

A児―四百人のいのちをすくうために「むちゅう」になっていたから、くらくなったのも、今までわからなかったのだ。それが「いた」ということばづかいでわかる。しらんまに暗くなって「いた」のだ。

（君は、ちょっとしたことばづかいにも注意して読んでいるんだね。ほんとに、君のいうとおりだね。こういうように、ことばづかいや、ことばのはたらき方に、これからも注意してくれね）

B児―天がまっかにやけているのだ。とり入れるばかりになっていたいなたばが、全部、今、もえあがっているのだ。あたりがうす暗いから、よけいにそれが赤々と天までこがすのだ。

（君はその時のようすを思いうかべる読み方をやっているね。しかも、勝手に想像しているのではなく、文の前後をひびきあわせたり、ことばづかいにもとづいてようすをおもいうかべているところがえらいよ）

C児―「山寺では」＝たくさんのようすがあるが、読む人の心を、その中の「山寺」にむけさせるかきぶりがしてある。

（君にそう言われてみると、全くそうだなあ。ここで、みんなの目の方向を変えているね）

D児―「この火で」＝一年間の苦労をぎせいにしてもえあがっている火。五へいさんの心の火。天をこがしている火。しかし村の人たちは、まだ「この火」の中に五へいさんの心を見出してはいないだろう。

（君は、一つのことばをじっとかみしめて、その中にこもっているいろいろな味を味わっているね。たった一つのことばも、そのことばは、そのことばの前や後のいろい

ろなことばとつながり、ひびきあっているんだね）
E児—（鐘を）「つきだした」＝一ぺんつくのでなく、なんべんも、という感じがする。もうついてしまったのでなく、まだこれから、つきつづける感じのことば。「たいへんだ。たいへんだ。」とさけんでいるよう。
（ことばはわけを考えることも大じだが、君のように、ことばの感じを考えることが大じだね。わけだけを調べることばの調べ方は、動かないでじっとしていることばの調べ方だ。ところが、生きてはたらいていることばには、必らず、「感じ」がある。「感じ」に注意していると、生きていることばのいのちにふれていくことができるようになる）

このように一人ひとりのノートに丁寧にコメントを付けて行く努力を繰り返しているうちに東井も言うように、子どもは、勉強の仕方を身につけて行く。そして、学習意欲を強めて行く。この方法は、第二節小川の「理科の観察日記」で見たように、すでに戦中の豊岡小でも実践されていた。

これが、子どもの言語活動を活発化し、その質を高めていくための「ねうちづけ」と

「指さし」の中身である。この種の丁寧な指導をこつこつと積み重ねて行くのが東井の授業指導。この東井の指導は、教師が一つの決まり切った答えを教えて行く古い指導法とは全然違う。彼は、たとえば２＋３＝□という問いの答え５という「正答」を教えているのではない。解がいくつかある、あるいは解がない問題に取り組ませているのである。こうして物語を読み取っていくための学習の仕方を教えている。しかも、物語を読み取る際には○○すべし、と教師が押しつけていない。読みとる方法は子どもたちが自ら発見していく。子どもが発見したものを教師も「そうだね、君の言う通りだね」と共感し、「ねうちづけ」る。そして、「今君が発見したその点に注意して読んでいこうね」と「指さし」していく。

東井は、別のところで、どの子も伸びたがり、高まりたがっているとして、「ねうちづけ」について次のように述べている。

「高まった」というよろこび「役だった」というよろこび…（中略）…子どもたちは、伸びたがっている。子どもたちは高まりたがっている。だから、「高まることができた」ということが自覚できた時、次の学習への積極的な身構えにもなる。…だから…

子どもの発言の「ねうちづけ」をやる。自分の発見がどれだけのねうちをもっているかを自覚できていないことがずいぶんあるのであるが、「三年生のチビのくせに、よくこんなにすばらしいことに気がついたね」というように、子どもの「伸び」を教師自身の「喜び」とし、ねうちづけると、子どもにとっても、ずいぶんうれしいことであるようである。

ただ、ここで注意しなければならないことは、ひとりびとりの「ねうちづけ」によって、子どもたちの「仲間意識」をこわしてはならない、ということである（著作集4）。

この種の「ねうちづけ」と「指さし」、そしてその際の「仲間意識をこわしてはならない」という配慮こそ、東井が得意とした指導、とまとめることができよう。

新旧指導法

より一般化して言えば次のようになる。先にも引用した発問の名手ディンターは、『問答法の最良規則』で古い指導法と新しい指導法における教師と子どもの関係を比較して次のように述べている。

旧い指導法	新しい指導法
○子どもは、他人（教科書）が主張していることを真理であると了解する。 ○教師は教え、伝える人として現れる。	○子どもは、他人の主張を了解するのではない。真理だと認めねばならないものを自分で探しだし発見する。 ○教師は、真理を共に発見する友だちである。だから教師の指導は、子どもに気づかれてはならない。

ここに紹介した新旧指導法における教師と子どもの関係を踏まえて、先の東井の「ねうちづけ」と「指さし」をもう一度見なおしてみよう。

東井は、一人ひとりの読み取りノートを読んで「そうだね」「君の発見した通りだね」とまず共感してその発見を認める。これが、「その通りだね」という「ねうちづけ」である。そして、だから今後も君が発見したことを大事にし、さらに新しい場面にもそれを活用して次の新しい発見に努めよう、「君ならきっとできると先生は信じているよ」というエールを送る。これが「指さし」である。この種の教師からの「ねうちづけ」と「指さし」は、子どもには、教師からの直接的な上からの指導とは映らない。そうではなくて、教師からの指導は隠され、教師は自分たちと共に真理を探究していく「友だち」と映る。この新旧指導法の比較を、今から二世紀以上も前に整理し、教職志望学生にこの「新しい指導法」を身に付けさせようとしたディンターの慧眼には頭が下がる。もっとも、東井も第一章で触れたようにすでに二〇代中ごろからこの指導法を実現している。これは、彼が自分の教育実践の中から、学級のどの子もきっと素晴らしい力を秘めているはず。それを引き出し、ねうちづけ、方向づけて行くのが教師本来の指導性である。この種の指導性なら、いくら強力に指導しても、子どもには「教師は、教え、伝える」人とは映らない、と判断できるようになっていったものと思われる。

まさに、二一世紀に入って注目されだした

「実践しながら、その実践行為の中で省察し判断していく高度な「職人性」」(ショーン)

を、東井は今から半世紀以上も前に体現していたのだ、と言っても過言でなかろう。

小括

本章で問題にしてきたことを先のディンターの新旧授業法に則してまとめれば、次のようになる。

A　教科書を教える旧い型の教師の下では、子どもは、教科書に書いてあることは全て正しいはずだと了解して、書かれている内容をそのまま暗記していく、この時子どもは教科書を学んでいる。――旧い型の授業法。

ここでは教師にも、そして当然子どもにもＰＤＣＡの生じる余地はない。

B　教科書で教える新しい教師の下では、教科書を疑い、教師の言うことをも疑う。つまり、いつでもどこでもそうなのかと子どもが自分で疑問を立て、仮説を立て、その仮説を確かめた上で、大きく「なるほど」とうなづいて、その理を発見していく。その最初の疑問を立て、仮説を立てていく一つの手がかりとして教科書を活用する。すなわち、教科書で学ぶ子どもが出てくる。――新しい授業法。

言語活動の質を高める指導法に結び付けて言えば、Aの旧い授業法では子どもがPDCAのサイクルを回す主人公になる余地はないし、子どもの学習が教科書の枠を飛び出すことも起こらない。

Bの新しい授業法の下では、教科書に対しても教師の言うことに対しても、いつでもどこでもそうなのかと疑問を立て、仮説し……のPDCAのサイクルを回す主人公に子どもがなることができる、しかもそうなるよう常に教師も子どもたちの反応を「ねうちづけ」「指さし」していく。この新しい授業法が、結局言語活動の質を高めることにつながっていくことが明らかになった。ここでは、子どもがPDCAの主人公になるため、そのPDCAのサイクルを回して生じる学習活動全体を教師の願いと切り結ぶために、教師もPDCAのサイクルを回しながら、常に指導戦略を微調整し続けねばならなくなることも明らかになった。そうして、ショーンの言う「実践の中で省察し・次の手を調整・決定していくプロフェッショナル」な教師が実現する。

東井は、言語活動の質を高める戦略として「学習帳の指導」という方法をとった。この方法は、戦中豊岡小でなされた小川の自由研究「あさがおの観察」に東井が書いた〈教師のことば〉と戦後相田小で国語「稲むらの火」の「考え読み」ノートに付した東井のコメントが「大きくうなづいて『ねうちづけ』し『指さし』していく」という同じトーンでなされていることが確認できた。つまり、言語活動の質を高める授業づくりという切り口から見ても、東井の実践は戦前・戦中・戦後と一貫していることが明らかになった。それがつまり、東井の「生活綴方的教育方法」の内実であり、「生きて働く学力」づくりであった、とまとめることができる。さらに別な言葉で言えば、東井が実践した授業では、習得・活用・探究活動が混然一体となっている言語活動、つまり現学習指導要領が要請している教科の枠を超えた「総合的な学習活動」であることも明らかになった。

第四章　「稲むらの火」の授業とESD

1　東井義雄の授業を切る

考え読みノート

「稲むらの火」は、一般には戦前の国定教科書『小学国語読本　巻十』、一九三七（昭和一二）年から一九四七（昭和二二）年までの五年生国語の教材として理解されている。しかしこの教材は、『5年生の国語　下』（学校図書、一九五二―一九六〇年）と『新編国語の本5年Ⅱ』（二葉株式会社、一九五七―一九六〇年）に再登場している。前章で触れた「稲むらの火」の授業は、東井が相田小でおそらく学校図書版を使った実践であったと思われる。昨年東井義雄記念館を訪れた際に衣川清喜館長にお尋ねしたところ、わたしも相田小で東井先生に教えてもらったことをはっきりと覚えている、と語ってくださった。

ところで、東井は子どもにこの教材をどこまで読み込ませることに成功したのだろうか。すでに前章の検討からも明らかなように、相当深く読み込ませていることは間違いない。だが、どれだけ深いのか、もうひと押しそれを証明してくれるものがないかと探していたら、『著作集2』に収められている「稲むらの火」の「考え読みノート」が見つかった。それは、五年生のひとりの子ども（福田和子）が、毎授業後に家庭で何度も何度も書きなおしながら作成したノートに、東井が出版に際して注を付けたものである。しかも、この注は単なる注ではなく、子どもの「考え読みノート」を借りながら行った自分の授業の省察になっている。教師と子どもとの協働による授業記録である。その意味で、これはきわめて珍しい授業記録、とわたしは考えている。

これは、子どもが授業でこの教材の何を、どこまで読み取ったのかを軸にして作成された貴重な記録。教師が十分に教えたつもりでいても、果たしてそれを子どもが本当にどこまで学びとったかまで確定することはなかなか難しいのが現実である。しかし、この授業記録は、学習者当人が、授業で学びとったものを家へ帰って「ひとり学習」して、さらにわたしはこう考え、こう思い、こう感じたということまで文章化している。前章との関係で言えば、東井が得意とする生活綴方的教育方法による「ひとり調べ→みんなでのわけあい・みがきあい→ひとり学習」という図式の「ひとり学習」にあたる。

一般に授業記録では、国語の場合、それぞれの子どもが授業で何を、どこまで読み込むことができたのか、内面にまで踏み込んで記録されたものは少ない。しかしこの考え読みノートは、当の子どもが何度も何度も書きなおしながらその時々で自分が考えたこと、思ったこと、感じたことを文章化したもの。このノートは「薄いが、大学ノート二冊になった」と東井は記している。そして、そのノートに授業者本人が注を付けて完成させた教師と子どもの協働作品である。一部の授業研究者の間で、今日盛んにナラティブの重要性が強調されている。が、ここでこれから分析する考え読みノートはナラティブに勝るねうちを持っている、と言っても過言ではなかろう。

わたしがそう考える理由を、一つだけ挙げておこう。このノートからは、授業をボイスレコーダーやＶＴＲで記録した場合には見えてこない部分まで、見えてくる。たとえば、授業中に一度も挙手しなかった子ども、発言しなかった子どもでも、仲間の発言や話し合いを聞いていて、思うところ、感ずるところ、考えたところ、そして学んだところがあるかもしれない。それがこのノートのように、家に帰ってからの「ひとり学習」で文章化され、可視化されれば、授業者にとってこれほどありがたいことはあるまい。次時の指導案をより一層一人ひとりの子どもに即して立てることが可能になってくるからである。東井は、この機能を最大限活用した教師、と言える。

子ども・教師・研究者による共同授業研究

本節では、教師と子どもの協働作品としての授業記録「『稲むらの火』の考え読み」を部分的に引用しながら、わたしが適宜分析・整理してコメントを付けていくという形で、論を展開してみたい。この作業も広い意味での授業研究である、とわたしは考えている。（なお、『著作集2』では東井の注は脚注の形で付けられているが、ここでは子どもの記録の直後に［　］で記入する。また各引用冒頭〈　〉の文は教科書の文章である。）

〈「これはただごとではない」とつぶやきながら五兵衛は出てきた。〉
・よほど、大へんなじけんがおきたらしいようすだ。
・五兵衛さんのつぶやきから、いきなり文がはじまっていることもただごとではない感じがする。
［文の書き出しに注目している。］

・つぶやくということばがつかってあるから「これはただごとではない」ということばは、だれかに言っていることでないことがわかる。五兵衛さんは、ひとりぐらしかもしれない。

わたしは、昨年度カリキュラム論の授業で、教職志望の大学二年生に授業レベルで教材解釈をするとはいかなることかという例として、先の〈　〉の一文から何が読みとれるか、書きださせてみた。その後で、この三つの・の文を例示すると、小学五年生がたったこれだけの一文からこんなに豊かに書きだすことが浮かぶのか、と感嘆の声を上げていた。後で詳しく触れるが、「稲むらの火」のこの書きだしは、原作者ラフカディオ・ハーン（小泉八雲）の *A Living God*（一八九六年）の冗長な文よりよほどインパクトが強い。和訳者中井常蔵の名訳である。東井は「文の書きだしに注目している。」とコメントしているが、前章と関連付けて言えば、これは、この子どもを「ねうちづけ」し、「指さし」する東井得意の評価活動にあたる。東井は、ここで何を評価したのか。物語を読む時には、書きだしがどうなっているかにまで注意する必要がある、ということに君は気づいている、と評価しているのである。

なお、「稲むらの火」は、一九二五（大正一四）年初めて翻訳され中等学校教科書『大正国語読本巻二』に「濱口五兵衛の話」として掲載されている。また、翻訳本『学生版小泉八雲全集第四巻』（第一書房、一九二八年）には「生神」が収録されている。東井が若いころに読んだと言うのは、このいずれかではないかと思われる。それとももう一つ、この子どもは「つぶやく」から五兵衛は一人暮らしかもしれないと想定しているが、先の『小泉八雲全集第四巻』の「生神」では五兵衛は老人であり、孫が一人家の中にいることになっている。モデルの濱口儀兵衛は、この大津波の時実際には三四歳であった。

〈今の地しんは、べつにはげしいというほどのものではなかった。しかし、長いゆったりとしたゆれかたと、地のそこからひびいてくるような地鳴りとは、今までに経験したことのないぶきみなものであった。〉

・「しかし」ということばは、「しかし」の前に書いてあることとは、はんたいのことをいう時につかうことばのようだ。この文では、「しかし」まではおとなしい地しんのように書いてあるが、「しかし」のつぎは「何だかきみのわるい地しん」のようだ。「「しかし」のはたらきを、論理的に。一般化してつかんでいる。」

・「ではなかった」とかいてあるから、地しんはもうやんでいるらしい。〔過去の表現に注目している〕

・「と」は、ならべることばだ。「長いゆったりとしたゆれかた」と「地のそこからひびいてくるような地鳴り」がならべてある。そして、この二つが「ぶきみ」だったのだとわかる。〔並列の助飼「と」に注目している。文の論理的構想をおさえながら読んでいる。〕［私はまだ、子どもたちに「文法」というようなことばは与えていない。しかし子どもたちの読解記録の中から、「あんたは、ことばのはたらきかたをしっかり考えているぞ。よくこんなことが考えられたね」というような引きだし方(＝ねうちづけ――引用者)はしてきた。小学校の文法学習はそれでいいのではないかと思う。］

・「今までに経験したことのない」ということばは、「生まれてはじめてであろう」というわけだ。よほどかわった地しんだったことがわかる。

小学校の文法学習

「私は、『文法』というようなことばは与えていない。……『あんたは、ことばのはたらきかたをしっかり考えているぞ……』」というコメントは、彼特有のものである。「文法」という用語を教師が子どもに与えていく指導法ではなく、「よくぞそこまで考えたね」という形で子どもの発見を「ねうちづけ」て評価していくのが、彼が得意とする指導法。「文法」という言葉を教えることよりも、子どもたちがその内実を自分たちで発見していく読み込みの深さに感服するのは、わたしだけではあるまい。

〈村の人たちは、豊年祭りのしたくに心をとられて、さっきの地しんを気にかけているようには見えない。〉

・この年は豊年らしい。稲がよくできたのだろう。

・村の人たちは、地しんには、そんなに心をかけていないらしい。ぶきみなようすには気がつかず「あまりはげしいというほどのものではなかった」と思っているのだろう。五兵衛さんは「はげしいというほどのものではなかった。しかし…」の「しかし」から先に注意しているのだ。そこが、村の人と五兵衛さんのちがうところだ。

「文法、語法を、文章の論理的とらえ方の中に役立てている。(文法・語法の学習は、子どもに圧力感を与えるような行き方ではなくて、子どもの論理的思考や追求の態度を強力に助成するような方法でなされることが必要なのではないか)」

この地震の後にくるかもしれない津波への心配にまで気を回す五兵衛と村人との違いが「しかし」の前と後の文からわかる、と文章を論理的に読み取る手段として逆説の接続詞を活用している。この子は「たいしたものだ」と東井が心の中で叫んでいる様子がうかがえよう。それが、コメントの( )の文言であり、直前の引用例でわたしが整理した文法という言葉ではなくその内実を子どもが発見しながらわが物にすることの方が大事、ということである。

〈たいへんだ。つなみがやってくるにちがいない。このままにしておいたら、四百人の命が、村といっしょに、ひとのみにやられてしまう。〉

・五兵衛さんの心が書いてある。

・この村は四百人も人が住んでいることがわかる。大きい村だ。相田の村より大きい。

・その大きい村を「ひとのみ」にするのだから、つなみというものはおそろしいものらしい。

・そんなおそろしいものがやってくるのだから、ほんとうに「たいへん」だ。

「相田の村」とは相田小学校の校区である自分たちの村のこと。ここでも東井学級の子どもが主体にたぐり寄せながら学習している姿がわかろう。自分たちが住んでいる村と比べると、それを一飲にするほどの津波の大きさ、恐ろしさがよりリアルにイメージできるにちがいない。ここに、身近なものを思い浮かべながら学習させることのメリットがある。このことは他教科でも言える。たとえば、算数で、ある町のおおよその面積は図のような長方形と三角形を合わせたものに等しい。この町の面積を求めましょう、という文章題が解けたと喜んでいる子どもに、「まだダメだ、もっとすることがあるだろう」と迫るのが東井である。教科書の問題が解けたら、次は自分たちが住んでいる町や村の面積、あるいはわが家の敷地面積も調べてみたいという「内から湧いて来る」学習意欲や学習態度を育てることを普段から東井は目標にしていた。つまり、国語に限らず、全ての教科において、いつでも学習主体に「たぐりよせ」ながら学習していく態度、別な言い方をすれば、「生活の論理」を軸にしながら「教科の論理」を自分（たち）にたぐりよせて「生活の論理」を太らせていく学習態度を育もうとしたのが東井であった。

〈「もったいないが、これで村じゅうの人が救えるのだ」五兵衛はいきなり、いなむらの一つに火を移した。〉

・(前の文章の)「よし。」という決心は、このことだったのだ。だいじないねをもやして村の人を救う。その決心だったのだ。

・五兵衛さんは、よくこんなしあん(思案)を出したものだと思う。

・火をつける時は、それでも、ちょっと「もったいない」と思ったらしい。

・それでも、「もったいない」という心はすぐ消えてしまっていることが、「いきなり」ということばでわかる。

・「もったいないが」の「が」はいねのねうちと、村中の命のねうちをくらべているようだ。「が」や「のだ」のおさえ方は相当しっかりしている。このおさえ方は、この子の先輩たちもなし得なかった。」

・「のだ」は、村中の命をすくうことに心がおちついてしまったような感じのことばだ。

・「のだ」と、はじめの「よし」と、なんだかひびきあっているようだ。

ここで東井が「が」や「のだ」のおさえ方は相当しっかりしている、とコメントしていることは、注目に値する。

ゆさぶり

前章で、S君がつまずいたのは、この「が」と「のだ」と「いきなり」と前文の「よし。」を関連付けてとらえることができなかったことから生じた「つまずき」であることが東井にはわかっていた。しかし、このノートの作者が理解したようにこの部分を文法的に詰めながら了解していく手法を子どもたちに強制していく指導を東井は意図的に控えている。この種の指導を控える代わりに、「S君の様に読んだっていいじゃないか、こう読むことがなぜいけないのか。そのわけを文章の中からから探せ」と「ゆさぶり」をかけた。これが東井特有の「子どもの前に横たわってやる」（抵抗体になる）指導であることを、わたしたちは見抜いておく必要がある。

東井が得意とした「ゆさぶり」とは、子どもの考えをただ単に否定すること、反対のことを言うことではない。ましてや一部の実践で誤解されたように、嘘をついてでも否定することでは決してない。彼の「ゆさぶり」は、ここで「ゆさぶる」ことによって真実により迫れるという確か見通しの上での「ゆさぶり」である。そして、このように読み取ることにまで達していない子どもがいるかもしれないが、その子たちが遅れた子どもとみられないように、その子たちの尊厳を守るために、ゆさぶりをかけている。ここに東井の本音がある。事実、このノートの作者も一度は五兵衛さんも「もったいない」と思った、と記している。でもそれは一時だけであり、すぐ稲むらに火を点けようと決心した、と読み込むことに成功している。だが、この部分を子どもたち全員がこの作者のようにしっかりと了解したのか不安であったがゆえに、東井はS君に味方するという形で「ゆさぶり」をかけたのだ、とわたしは解釈している。

〈こうして、五兵衛さんは、自分の田のすべてのいなむらに火をつけてしまうと、たいまつをすてた。〉

・こうしてというのは、一つ、また一つとむちゅうでいなむらに火をつけまわったことを言っているのだろう。

・「すべて」は、たくさんのいなたば全部のことだ。

・たいまつはいらなくなったので、たいまつをすてたのだろう。五兵衛さんは、もう、火のことやいねのことよりも、つなみがどうか、ということを気にしているのだ。それで「たいまつをすてた」のだと思う。すてようと思ってすてたのではなく、つなみのことを思って、ひとりでにすてたのだろう。

・火は、あかあかともえているだろう。［ここの個所は、中間わけあい、磨きあいの時、大へん問題になったところだ。五兵衛がもやした稲のことをおしいことをしたと思っているかどうか、大いに議論がわかれた。結局、文章を「教科の論理」から眺めて解決したのではあったが……］

この個所は、東井のコメントにもあるように前章で問題にしたS君の読み取りをとりあげての大議論の末、子どもたちがどんどんと読み深めていった場面である。これを受けてのこの子どもの記録ということになる。ところで、東井のコメント最後の「……」は何を意味しているのだろうか。この子ならもっと読み込んでくれるはず、と思ったのに残念だ。いや、そうではない。この子の所為にしてはいけない。それは、結局教師であるわたしが、五兵衛さんがケチか否かということだけを論点にしてしまった結果、江戸時代の農法で米を作ることがどれだけ大変なことか、その「粒々辛苦の苦労」（前章の鈴木道太）の結果できた稲穂を全部燃やすことがわかった上での大決断だったのだ、という点をもっと鮮明にする必要があったのではないか、という東井の省察だろうか。いずれにしろ、教師を続ける以上、自分も常に学び続けなければならない、という東井の教師魂の一端がうかがえるコメントである。

［教師は子どもに教えながら、子どもから学ぶ］

という現象の好例である。

〈村のわか者たちは、いそいで山寺へかけだした。続いて、老人も女も、子どもも、いそいでかけだした。〉

・わかい人たちはげんきだから、やっぱり、一番になってあがってくることがわかる。老人も、女も、子どももと、「も」がたくさんかさねてつかってあるので、だれもかれもみんなという感じがする。文を書く時には、おなじことばをくりかえしたほうがよい時もあるらしい。
・「かけだした」だから、まだ（山へ）あがりかけだとわかる。
・村の人たちは、つなみのことは知らずに、火事を消そうとしてあがってくるのだろう。
・しんせつなしょうやさんの家だから、よけい、だれもかれも、かけあがってくるのだろう。　〔「文法」というものにとらわれない主体的なものを持ち続けながら、その主体的追求のために「文法」的なものを問題にしていく、この子の勉強態度を認めてやりたい。〕

東井が言う文法にとらわれない主体的なものを持ち続けながら、その主体的追求のために文法的なものを問題にしていく勉強態度とは、具体的には、①「も」をたくさん使うことによって、村人のだれもかれもを強調している。②親切な庄屋の家だから、よけい、だれもかれも、かけあがってくる、を指すものと思われる。これは、「教科の論理」（＝「も」）を「生活の論理」（＝「親切な庄屋」だから、よけい、だれもかれも）にたぐり寄せながら、「生活の論理」を太らせていこうとする（「も」を重ねて同じ言葉を繰り返してもよい、ということを発見）勉強態度のことである。「文法」を教師が上から教えていくことを抑制することではじめて、ほんものの学力、生きた学力も育つ、ということを東井は読者に読みとってほしかったのではなかろうか。なぜならそれが東井が一貫して追求してきた授業指導の〈わざ〉だからである。

それともう一つ面白いことに、この子は、村人を思う庄屋の犠牲的精神を「しんせつな庄屋」と捉え、その親切な庄屋さんの家が火事だ、だからこそ急いで消化に駆けつけなければというのがこの時の村人の気持ち、と読みとっている。「犠牲的精神」などと仰々しく言うのではなく、「親切」と素朴にとらえている子のこの自然体にも注目したい。

話は飛ぶが、今回の「特別の教科　『道徳』の教科書作成にあたって、教科用図書検定調査審議会の報告（二〇一五年七月二八日）では、考えることに重点を置き、徳目（たとえば犠牲的精神）の押し付けにならないように配慮する必要がある、と強調されている。道徳の教科書を作る際にこの種の配慮を充分にせよ、という注文としては納得できる。しかし、果たして、実践レベルで個々の教師はそこまで配慮した授業展開ができるだろうか、結果として徳目の押し付けに陥いってしまう危険性がぬぐいきれない、とわたしは憂える。

この点で、「マルキシズムであろうが、皇国史観であろうが、一つの思想があって、そこから『教育』が考えられるような『教育』がどんなにもろいものであるか、思い知った私である。…（中略）…『民主主義』さえもおしつけてはならない。」という東井の重い経験知を忘れてはなるまい。

視点論

〈やっと、二十人ばかりのわか者がかけあがってきた。〉

・「やっと」ということばは、五兵衛さんが、待って待ってしている心も感じられるようだ。

・高い五兵衛さんの家へ、えらい目して、やっとかけあがってきたのかもしれない。でも、それだったら、「やっとかけあがることができた」と書くかもしれない。「かけあがってきた」の「きた」は、五兵衛さんの心になって書いていることばだ。

・わかい人たちは、ふうふういきをはずませているだろう。［この「やっと」の追究の仕方は、全く論理的である。「かけあがってきた」の「きた」との関連をつかんで、五兵衛の心から考えた「やっと」だと断定しているのには感心した。」

東井のコメントからもわかるように、直前の引用部分と同じく、ここでも、「生活の論理」から主体的に読み込むことを深めていけば、文章を論理的に読む―視点論を踏まえて読む―ことも可能になってくることが示されている。東井がねらった「生活の論理」に「教科の論理」をたぐり寄せながら「生活の論理」を太らせていく指導過程をリアルに示すもの、と言える。「きた」は「五兵衛さんの心になって書いている」という部分から、話者の「視点」ということを改めて教師の方から教えていかなくても、今この文章は誰に寄り添いながら書かれているかということを子どもが自分で見つけていく力が育まれていることもわかる。

〈五兵衛は、あとからあとからあとからあがってくる村の人々を、ひとりひとり数えた。〉
・「あとからあとから」は、前の「どんどん」と、ひびきあっている。
・五兵衛さんは一人もつなみにのまれないように、ひとりひとり数えたのだろう。

自分たちの村より人口の多い四百人の村人の内、一人も津波に飲み込まれないように五兵衛が一人ひとりかぞえたのだろう、と庄屋五兵衛の冷静さまで読み取っているところもわたしは評価したい。この種の冷静さが不足するために、パニックに陥る事例がいかにたくさんあることか。例えば地震の場合、あらかじめ事前に避難所へのルートを住民全員が経験する訓練の必要性が叫ばれているゆえんである。

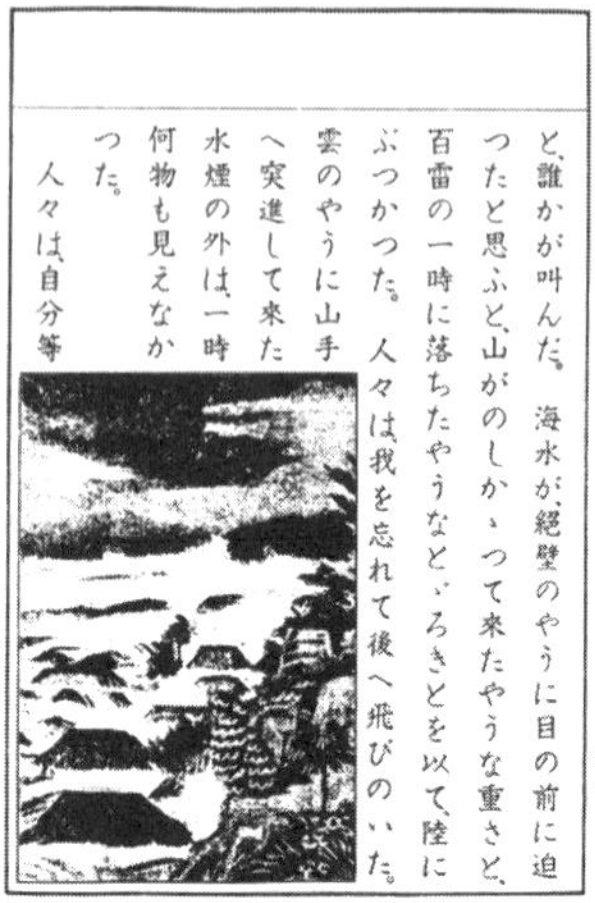
第十　稲むらの火

と、誰かが叫んだ。海水が、絶壁のやうに目の前に迫つたと思ふと、山がのしかゝつて来たやうな重さと、百雷の一時に落ちたやうなとゞろきとを以て、陸にぶつかつた。人々は我を忘れて後へ飛びのいた。雲のやうに山手へ突進して来た水煙の外は、一時何物も見えなかつた。

人々は、自分等

五十八

〈自分たちの村の上を、あれくるって通る白いおそろしい海…（中略）…。二度三度、村の上を、海は進み、また退いた。〉

・海の水は、白いあぶくだらけになって、あばれまわっているのだろう。

・ひどい目にあわせておきながら、それでもおさまらず、これでもか、これでもかというように、二度も三度もひどい目にあわせているつなみのようすが、目に見えるようだ。

・「二度、三度、村の上を、海は進み、また退いた」という書きぶりは、ふつうの書きかたより、少しちがっているようだ。「海は」ということばは、ふつうは、もっとはじめの方になければならないことばのようだ。こういう、かわった大事けんを書く時には文の書き方もちがえるのだろうか。［文の構成に着目している。これに目が着くというのは主語と述語の、一般的な構成の論理が身についているからである。それで、こういう、特殊な構成に目がつくわけである。］

東井も指摘しているように、とりたてて文法を教師の方から教えていかなくても、生活綴方的教育方法によって読み込んでいけば、子どもが自ら倒置法による強調の仕方を発見していくことができることを証明してくれる例である。蛇足だが、この子どもも東井も津波の「波」ではなく、「海」という言葉が使われていることにも気付いてほしかった、とわたしは思う。大きな津波が迫ってくるのではなく、正に「海」が何度も何度も迫ってきて荒れ狂ったのが今回の三、一一大津波であったからである。しかし、この子どもは津波を経験していない、今回の三、一一のように街が津波に襲われる映像など見たことがないのに、まるで三、一一の映像をあたかも見た後のようにまで深く読み込んでいるその「読み込む力」に感服するのは、わたし一人ではあるまい。

〈はじめて、我にかえった村人は、この火（津波が去り、風にあおられてまた燃え上がった稲束の火――引用者）によって救われたのだと気がつくと、何とも言えず、五兵衛の前にひざまずいてしまった。〉

・村の人の心は、つなみの方にいってしまっていたのだろう、それが、ぱっと大きくもえあがった火の力で、たすけられた自分に気がついたのだろう。ここで、村人の心と、五兵衛さんのふかい心がであったのだ。そして、五兵衛さんの心がわかったのだ。

・「何んにも言えず」というのは、心がいっぱいになってしまったからだろう。そして、五兵衛さんをおがんだのだろう。

・「ひざまずいてしまった」ということばは、もう、ひとりでに、ひざまずいてしまったような言い方のことばだ。

ここで、東井はこの授業記録を終えている。最後の部分については彼はもう何もコメントしていない。東井は、この子は、十二分にこの物語を読み込んでいる、と判断したのだろう。しかもその判断について彼は何も書かないことによって、余韻をもって読み手に判断を委ねようとしたのではなかろうか。

以上で、「稲むらの火」の子どもと教師の協働作業によって作成された授業記録の分析を終わる。ここで明らかになったことは、教師が上から教え込んでいく——たとえば「文法」的なこと、あるいは視点論など——方法を抑制して、子どもたち自らにそれに該当する個所を発見させていく、そして教師はそれらの発見をその都度「ねうちづけ」て評価し「指さし」していく指導法によって、子どもは非常に深いところまで読み込むことが可能になる。それには、普段から自分が感じたこと、不思議に思ったこと、考えたことを子どもたちが綴っていく生活綴方の仕事が前提になっている。これが、東井が得意とした生活綴方的教育方法による授業である、とまとめることができよう。

前章ともかかわらせて別な言葉で言い直せば、

［教師は本当に教えたいことは、直接教師の方からは教えない。子どもの発言や意見に「それはちがう。こうではないか」と抵抗する形で「ゆさぶり」をかける→それ（＝本当に教えたいこと）を子どもたち自身に発見させていく→この発見に教師がう

なずいていく」

という指導法を信条としたのが東井だということが明らかになった。本節で活用した子どもと教師の協働作品としての授業記録は、これだけのねうちをもっていたのである。それとも一つより重要なことは、生活綴方的教育方法によって、東井はこれほどまでに深く文章を読み込ませることに成功している。しかも、この子が特に素晴らしかったであろうことは否めないが、おおむね学級すべての子どもたちに多かれ少なかれ「考え読み」ノートを書かせきっているその東井の指導力はいったいどこから出てくるのだろうか。わたしにとっての尽きない研究課題である。

2 「稲むらの火」の成り立ち

「稲むらの火」との出逢い

わたしが本格的に教育学の勉強をし始めたのは、広島大学の大学院へ進学してからである。恩師吉本均先生から「君はこれを修士論文にしなさい」と渡されたのが、ペスタロッチ『隠者の夕暮れ』(一七八〇年)の原書であった。原書を開いてみると、ひげ文字の旧字体ドイツ語がびっしりと詰まっていた。ドイツ語もまだ十分に読めないわたしが、なぜ二世紀も前の、しかも旧字体のドイツ語の本を元に修論を作成しなければならないのかと悩み、恩師の心にそむいてしまうほろ苦い大学院のスタートであった。後で聞いた話だが、吉本先生は長田新監修『ペスタロッチ全集』(平凡社、一九六〇年)の総校正をされていたのである。わたしに渡された原書は、その時使用された原書であったことを後で知り、穴があったら入りたい気持になったことを今だに覚えている。

その当時広島大学の吉本研究室は、北海道大学の砂澤喜代次教授が会長を務める「五大学共同授業研究」会(一九六二年発足)とその翌年発足する「全国授業研究協議会」(砂澤会長)の有力メンバーであった。大学人が主導する本格的な「授業研究」の始まりである。

吉本ゼミのわたしもこれら二つの研究会の末席に参加させてもらうことになった。五大学の方では、同一の教材、わたしの記憶に残っているのはドーデ「最後の授業」で北大、東大、名大、神戸大、広島大の五大学の研究者が小学校の先生方と協働してそれぞれ授業研究を行い、年に一度研究結果を持ち寄って合宿の共同研究するというスタイルであった。新参者で下っ端のわたしたちは、大きなオープンリール式のテープレコーダーを背に担いで広島県北の小学校現場での授業研究に駆り出された。夏の夜、昼間収録してきた子どもたちの聞き取りにくい広島弁（わたしには）の発言を文字起こしする作業が懐かしく思い出される。ちょうどポーランドのオコン『教授過程』（明治図書、一九五九年）が翻訳出版され、テープレコーダによって授業記録をとり、それに基づいて実証的な研究をするというスタイルが授業研究の主流になっていくその最初の時期である。ひげ文字のドイツ語はそっちのけで、わたしは小学校の授業実践記録を片っ端から読みあさった。その時初めて東井義雄『教師の仕事７』（明治図書、一九五八年）に載せられている「稲むらの火」の授業記録に出逢った。これが、第一回目の出逢いである。

本書で先に紹介・分析してきたように、この教材そのものの質の高さと授業中の子どもの発表のしあいや討論、授業後の「考え読み」ノートの質の高さにわたしは強烈な印象を受けた。小学生が、ここまで読み込み、こんなことまで考え、討論しあうことができるのか、こんなに緻密なノートを作成できるのか、という驚きの連続であった。わたしも現場の先生方と協働してこのような授業がしたいな、というあこがれの的の一つになった。しかし、この時はこの教材の成り立ちまで追究しようというところまでは至らなかった。恩師には申し訳ないがひげ文字のペスタロッチより、授業研究、授業づくりを自分の生涯の研究テーマにしたいということが固まったことだけは確かであった。もっとも、あの時ひげ文字に慣れたことは、わたしが「発問史」研究で博士学位論文を作成する時には、プロイセン時代の師範学校における授業法＝問答法に関するテキストを分析する際に大いに役立つことになったのだが。

広小での授業研究

第二回目の出逢いは、わたしには全くの奇遇に思える。大阪市立大学に勤務するようになったわたしは、三〇代中ごろから全国各地の学校へ出向き、協働の授業づくりや授業研究の仕事を本格化させた。その中の一つに、和歌山県有田郡広川町の広小学校があった。この広小学校とは、三年間ぐらい授業改革の継続的な共同研究を行った。いつものごとく昼間の授業研究会が終わった後のお酒が入る懇親会で、もう一段授業の質をアップする話になった。わたしは、モデルの一つとして東井義雄が実践した「稲むらの火」の授業を提案し、その授業の一端を紹介した。その時、「豊田先生、その『稲むらの火』

は実はこの広村（現広川町）の津波のことですよ」と言われて、わたしはびっくりした。物語の庄屋五兵衛は実在の人物で一八二〇年生まれ、現ヤマサ醤油の七代目濱口儀兵衛であり、一八五四年一二月五日の安政南海地震による大津波から村人を救った偉人。この儀兵衛さんが、後に津波除けの大防波堤を造った。それが今の広村堤防だ、と教えてもらった。これが第二回目の出逢いである。

第三回目の出逢いは、わたしが名古屋大学大学院教育発達科学研究科教授になり、附属中・高等学校長をしている時、二〇〇四年一二月にスマトラ島沖大地震が起こった。この時の大津波で二二万人以上が犠牲になった悲惨な映像、しかも、津波から逃げるどころか、迫りくる津波の第一波を見にわざわざ海岸へ向かう人々がいた映像がテレビで何度も放映された。その映像を見ていて気になったことがもう一つあった。それは、インドネシアでも、スリランカ、バングラデッシュ、インド、さらにはアフリカの東海岸でも、大「Ｔｓｕｎａｍｉ（ツナミ）」が襲ってきたと報道されている。「Ｔｓｕｎａｍｉ」という日本語がグローバルな世界共通語になっている。なぜかという疑問が生じてきた。と同時に、そういえばハワイには太平洋津波警報センターという施設もある。とすれば、「Ｔｓｕｎａｍｉ」という言葉は日本から発信されたのではないか、という疑問である。年明けの校長訓話の格好のネタになると思い調べてみた。そこで、本書で問題にしてきた「稲むらの火」の元本がラフカディオ・ハーン（小泉八雲）の *A Living God* であることを知った。新年の校長訓話で、図書館から借り出した *A Living God* の原典を示しながら、君たちがテレビで見たあの年末のスマトラ島沖地震による大津波の「Ｔｓｕｎａｍｉ」という言葉の発信者はラフカディオ・ハーンである、と話す。

同年一月六日、ジャカルタでツナミサミットが開催された。二〇〇五年一月一八日の『東京読売新聞』朝刊によると、その会議でシンガポールのリー・シェンロン首相が、小泉純一郎首相に「『稲むらの火』という話は本当ですか」と、問いかけたそうである。ラフカディオ・ハーンの *A Living God* ではなく「稲むらの火」と尋ねたのである。リー首相はイギリスに留学しているから *A Living God* なら自然に納得がいくのだが、小泉首相も知らなかった「稲むらの火」をどうして知ったのだろうか。ひょっとすると、筆者と同じくあのスマトラ島沖地震による津波をわざわざ見に行った映像を見て、これはダメだ、そうだ日本には何かいい津波対策教材があるのではないかと急に勉強したのだろうか。

ともあれ、その時小泉首相はこの件を全く知らず、慌てて随員に文部科学省に問い合わさせたところ、文部科学省高官たちも誰も知らなかったというエピソードが、新聞で

報道されたことも鮮明に覚えている。今回、改めて『文部時報』を調べ直してみると、一九九〇（平成二）年三月号に「名作『稲むらの火』とともに人間愛・郷土愛に燃えて」と題した濱口儀兵衛の記事が出ていることもわかった。当時もそして今も、官庁の高官たちは所轄の雑誌記事にまではどうやら目を通していないらしい。ともあれ、これが第三回目の出逢いである。

　第四回目の出逢いは、先の三、一一大津波とプロローグで触れた河田恵昭「百年後のふるさとを守る」（『国語　五銀河』光村図書出版、二〇一一年）である。この光村版では、従来からの国定教科書の「稲むらの火」とは違って、津波から村人を救う部分よりも、津波の後の濱口儀兵衛による広村堤防造りの話が主になっている。儀兵衛は、復興の見通しがたたず村から離れようとする村人に、衣食住を提供するだけではなく、村人総出で五〇年、百年先に来るかもしれない大津波から村を守るための大規模な堤防を造ろうとした。

しかも紀州藩に掛け合ってもらちがあかなかったので私財を投げ打ってとりかかった。四年の歳月をかけて完成したこの広村堤防は、ちょうど百年後の一九四六年に和歌山沖で起こったマグニチュード八・〇の南海道地震による高さ四メートルの大津波から村を守ることができた。光村の教科書では、この儀兵衛の堤防造りは、物質的な援助だけではなく、防災事業と住民の生活援助を合わせて行ったこと、また、住民どうしが、互いに助け合いながら、自分たちが住む所を守るのだという互助意識を持つようになったことに意義があると強調している。

この光村の教科書を見て、東井の「稲むらの火」の授業をとり挙げた本をＥＳＤと絡めた内容にしてぜひとも出版したい、という想いが強くなってきたのである。そして、わたしが勤務している中部大学が、名古屋大学と共にＥＳＤの拠点大学になっていることも理由の一つである。

中井常蔵

「稲むらの火」の和訳者中井常蔵（旧姓三ツ橋）は、ラフカディオ・ハーンの *A Living*

God と運命的な出逢をする(1)。そしてこれまた希有なケースであるが、国定教科書の著作権は元々国にあり文部省の方で編集するのであるが、文部省が依頼する編集委員だけで作成することには限度があるため、一九三七（昭和一二）年度からの教科書編集にあたっては一九三四年に全国の教員から教材を公募して補うことにした。中井は偶然にもこの一九三四年の公募の機会に巡りあったのである(2)。

まず出逢い(1)から検討していこう。中井は、旧広村に隣接する湯浅町に一九〇七（明治四〇）年に生まれ、県立耐久中学校（現県立耐久高等学校―校内に濱口梧陵像がある。なお、耐久高校は、ＪＲ湯浅駅近くに移転、跡地は現耐久中学校になっている）に入学する。第一学年の成績は、一〇二人中一番と首席であった。この旧制耐久中学校は、幕末に濱口儀兵衛らが「自学自労」の教育方針で幕末の国際情勢に備える人材養成のために広村に建てた耐久舎（現耐久中学校に隣接）を母胎にしている。幼い頃から中井は、濱口が広村堤防を造って村の復興に尽力したことや耐久舎を建てて人材育成に貢献したことを聞かされていたにちがいない。中井は、その広村堤防の上を朝夕歩いて耐久中学校に通っていた。この堤防のことを知らないはずがない。そしてこの中学校で、中井は英語の時間に濱口と奇跡的な出逢いをする。英語のテキストは *A Living God* だった。この物語の主人公庄屋五兵衛こそは、自分が幼いころから聞かされてきた郷土の義人濱口儀兵衛（梧陵）をモデルにしたものだということがピンときた。しかも自分は、その広村堤防の上を毎日歩いて通学している。中井は、物語の内容も濱口をモデルにした感動的なものであることを授業中何度も、そうだ、そのとおりだと心の底から納得したにちがいない。濱口は、この時大津波に襲われた広村の人々を救った。その上、復興のめども立たず途方に暮れる村人たちに、衣食住を援助し、自分たちで村を再び復興させようと村人に呼びかけ、私財を投げ打って広村堤防を造った話を中井は幼少のころから聞かされていた。これらの前提の上に、*A Living God* を学んだ中井少年の感動は、さぞかし大きなものであったと思われる。この感動の中には、五十年先、百年先にはまたこの村を大津波が襲ってくるにちがいない。その大津波から村を守るために津波で意気消沈している村人を総動員して大堤防を造ろう、その資金は自分が出すという企画を立てた濱口の構想力の大きさへの感動もあったのではないか、とわたしは考えている。

ちなみに、現行の国語教科書（光村）に掲載されている河田恵昭「百年後のふるさとを守る」では、前節でも触れたように国定教科書「稲むらの火」の津波から村人を救う部分よりもその後濱口儀兵衛が五十年後、百年後に大津波が来ても、村を守れるだけの大堤防を造ろうと村人に呼びかけ、私財をなげうって村人を総動員して造り上げた広村堤防の方に力点が置かれている。

中井は、耐久中学校卒業後、和歌山師範本科第二部に入学し小学校訓導になる道を選ぶ。師範卒業後、中井は地元湯浅小学校に赴任するが、改めて勉強したくなり和歌山師範専攻科に入学する。専攻科修了後附属小学校の訓導を経て日高郡南部小学校に勤務するようになる。この間、母校で学んだ *A Living God* の感動が忘れられず、教師になった以上、この話を子どもに伝えていく使命がある、という想いが強くなっていったものと思われる。

ちょうどその時、(2)の巡りあいが生じる。たまたまであるが、一九三四（昭和九）年、文部省が全国の教員に募った教材公募である。その時南部小学校に勤務していた中井は、早速 *A Living God* を小学生にも分かるようにコンパクトにまとめて和訳し、「燃える稲むらの火」という題で応募した。中々その返事は来ず、田舎者の自分の作品が国定教科書に採択されるわけがない、とほとんどあきらめていた。三年後の一九三七（昭和一二）年九月になって採択の報せがあった。その模様は、同年一〇月一五日付の『大阪朝日和歌山版』で、〝稲むらの火〟は輝く　郷土の義人濱口翁の巨姿　中井先生の作が読本に」という見出しで、『国語読本　巻十』に、「稲むらの火」が登場したと伝えられている。この中井先生こそ、「稲むらの火」の和訳者中井常蔵である。その時、新聞社のインタビューに中井は、「身に余る光栄であり、私の微力により郷土の大先輩濱口翁の輝かしい事績が国民教育の教材となったことは、全くの怪我の功名であります」と応えている。「稲むらの火」の和訳者である中井は、一九四五年一〇月に日高郡切目国民学校長を辞して生家の酒店を継ぐ。一九八七（昭和六二）年防災功績者として国土庁から大臣表彰を受けている。広川町にある稲むらの火の館を調査した際に、先の大臣表彰式で語った中井の言葉を見つけた。関係ある部分を少し紹介しておこう。

私の母校創立者の濱口梧陵翁（＝儀兵衛——引用者）に卒業生の一人として答辞としてさし上げたいと思ったのが、私がペンを握ったことでございます。…（中略）…この梧陵翁の事績を親日家の文豪小泉八雲先生が本当に日本の生神様であるというふうにああいう文章にこしらえられ、それを私は盗作じゃございませんけれども、すっかりそのままいただきまして、子供にわかるようにと描いたのが「稲むらの火」でございます。今日の私の光栄は、梧陵翁である。そして小泉八雲先生である。

また、わたしが「稲むらの火」に第二回目に巡り合った広小学校の『創立百年記念誌』には、一九一一（明治四四）年四月二一日に悟陵翁祭を挙行し、校長が訓話をするという形式が一九四七年まで続けられたこと、そして今も毎年六年生が広村堤防の整備に参加し、濱口儀兵衛を偲ぶと同時に津波から地域を守るための行事＝「稲むらの火祭り」に学校挙げて参加している。

※府川源一郎『「稲むらの火」の文化史』は、中井が応募してから国定教科書に「稲むらの火」として採択されるまでの経緯について詳しく追っている。

"Inamura no Hi"

一九八三（昭和五八）年、中日本海地震の時の津波で海岸へ遠足に来ていた秋田県南合川小学校の子ども一三名が犠牲になった。同年六月七日付の『大阪読売新聞』は、「稲むらの火と教科書」という見出しで、「私は戦前に『稲むらの火』を習ったことを思い出した。…（中略）…南合川小学校の皆さんが『稲むらの火』を習っていたら、大地震の後波打ち際であそんだりしなかっただろう、と残念でなりません」という投書を載せている。

プロローグでも触れたように、「稲むらの火」はスマトラ島沖地震の津波大災害を受けてジャカルタで急遽開催された津波サミットで注目される。小泉首相の音頭でアジア地域の人々が津波災害から命を守ることができるようにと日本政府支援で作成されたのが防災教材〝Inamura no Hi〟である。対象国は、インド、インドネシア、シンガポール、タイ、マレーシア、バングラデシュ、スリランカ、ネパール、フィリピンである。それぞれ、一般用と子ども用の二バージョン用意されている。一般用では、挿絵付きの「稲むらの火」のほかに、インド洋、太平洋で津波が起こる仕組み、災害を最小限に減らすための防災・減災システムなどが図表やポンチ絵入りで説明されている。子ども用では、挿絵付きの「稲むらの火」と簡単な津波から逃れるシステムが載せられている。面白いのは、シンガポール以外の国の挿絵が江戸時代の五兵衛や村人の衣装ではなく、各国の民族衣装で描かれていることである。これらの国の中に海に面しないネパールがなぜ入っているのかは不明であるが。その後、シンガポール版が、さらにフランス語、そこからさらにスペイン語、ポルトガル語に再翻訳されて、今や南米のチリ

シンガポールの教科書に掲載された「稲むらの火」

やアルゼンチンなどでも津波防災教材として活用されている。また、カンボジアや台湾でも「稲むらの火」が出ていることを付け加えておく。

もう一つ紹介しておきたいことがある。それは、二〇〇六年一一月に和歌山県で開催されたアジア防災子どもサミットである。テーマは、「私たちアジアの仲間が未来をつくる——災害に負けない社会づくりに自分たちができること——」である。これはもうそのままESDである。そこではまず、「稲むらの火」にゆかりのある和歌山県でこのサミットが開催されたこと。そして記念創作劇「稲むらの火と濱口梧陵」が和歌山県の中・高生によって演じられたこと、さらに特別講演として当時の京都大学防災研究所所長河田恵照が「被害を少なくする減災社会に向けて」を講演したことである。河田はこの時から、いやその前からか「稲むらの火」にかかわっていたことがわかろう。河田は、おそらくこの頃から「必ず津波は来る」と警告した『津波災害　減災社会を築く』と国語の教科書（光村）の「百年後のふるさとをまもる」を構想していたものと推測される。

このサミットは、ユネスコ・アジア文化センター（ACCU）およびアジア防災センター（ADRC）が窓口になって、インド洋地域津波で大きな被害を受けたインド、インドネシア、マレーシア、スリランカ、タイ、バングラデシュ、フィリピンの七ヵ国からそれぞれ四人の子どもとその引率者、国内からは各県の防災教育実践校の中・高生を招待するとともに、二〇〇〇名を超える和歌山県内の小・中・高生を含めて参加者合計三〇〇〇超の「子ども防災サミット」を成功させている。こうして、「稲むらの火」を軸にした防災教育およびESDは今ますます注目を浴びているのである。

「稲むらの火」と広村堤防に関する行事は、安政南海地震から五〇周年を迎えた一九〇三（明治三六）年津波の犠牲者の霊を慰め、濱口梧稜の偉業をしのび、堤防への盛り土を始めたのが最初で、これが現在の一一月五日（旧暦で地震が起こった日）の「津波防災の日」に合わせて津波祭りを開催し、広川町（旧広村）の小中学生による堤防への土盛りにつながっている。

本書を書き終えた時、またまた「稲むらの火」と筆者の奇遇が起こった。二〇一五年一二月二二日国連総会で、安政南海地震が起こったこの旧暦一一月五日を津波の災害から逃れるための全世界の記念日として「世界津波の日」とすることが、全会一致で採択されたのである。

小括

東井が子どもに綴方を書かせるのは、子どもが日常身の回りで起こっていることを粗末にしない生活習慣を育むためであり、その時感じたささやかな「おやおや」「なぜだろう」「でもいつでもどこでもそうなのだろうか」という疑問を忘れずに、その疑問を自ら進んで解決しようとするPDCAのサイクルを回す主人公を育てるためであった。このような生活習慣、学習習慣が子どもの身についてくると、それは、生活綴方を書くということだけに限らず、すべての教科の授業で日々繰り返される学習活動についても、「おやおや」「なぜだろう」「でもいつでもどこでもそうなのだろうか」という疑問を、放課後も家庭へ帰ってからも自ら進んで解決しようと努力した結果勝ち得た解とその解に至った過程全体を綴る「ひとり学習ノート」を作る生活習慣・学習習慣が定着してくる。第一節で扱った「稲むらの火」の「考えるノート」がその典型である。

このノートの分析から、小学生にここまで読み込ませることができるのか、と驚嘆させられるぐらい質の高い学習活動を、東井は子どもたちに生起させていることが明らかになった。本書では詳しくは触れなかったが、東井は、このような質の高い学習活動を国語に限らず、算数でも、理科でも、社会科でも子どもたちに成就させている。こうして、東井は、すべての教科において「調べる学習帳」指導を貫徹していることが明らかになった。ここまでくると、わたしには、生活綴方はもう古いと言って切り捨てることはできなくなった。子どもたちにこのような質の高い学習活動を成就させる「調べる学習帳」指導の指導メカニズムをより一層深く追究していく仕事が、わたしの次の課題になってきた。

教材「稲むらの火」にまつわる諸事象については、つい先日の国連総会でこの一一月五日を「世界津波の日」とすることが採択されたように、それがＥＳＤと深いかかわりがあることが明らかになった、というまとめにとどめておく。

主要参考文献

阿部昇『文章吟味力を鍛える』明治図書、二〇〇三年
出隆『哲学以前』講談社学術文庫、一九八八年
今井誉次郎『生活綴方の認識と表現』明治図書、一九五九年
梅原毅『人類哲学序説』岩波新書、二〇一三年
大田堯『大田堯自撰集成2』藤原書店、二〇一四年
小川太郎・国分一太郎『生活綴方的教育方法』明治図書、一九五五年
河田恵昭『津波災害　減災社会を築く』岩波新書、二〇一〇年
木村元「東井義雄の戦中・戦後経験とペダゴジー」(三谷孝編著『戦争と民衆―戦争体験を問い直す』旬報社、二〇〇八年)
久野収・鶴見俊輔・藤田省三『戦後日本の思想』岩波書店、一九九五年
坂野潤治『〈階級〉の日本近代史』講談社選書メチエ、二〇一四年
ドナルド・A・ショーン、柳沢昌他訳『省察的実践とは何か―プロフェッショナルの行為と思考』鳳書房、二〇〇七年
鈴木道太『ああ国定教科書　怒りと懐かしさをこめて』レモン新書、一九七〇年
砂澤喜代次編『教育学入門』福村出版、一九八〇年

東井義雄『学童の臣民感覚』日本放送出版協会、一九四四年
東井義雄『村を育てる学力』明治図書、一九五七年
東井義雄『七〇年代日本の教育の焦点4　子どもの幸福とは何か』明治図書、一九七二年
東井義雄・八鹿小学校著『「通信簿」の改造―教育正常化の実践的展開―』明治図書、一九六七年
東井義雄・八鹿小学校著『学力観の探求と授業の創造』明治図書、一九六九年
豊田ひさき『集団思考の授業づくりと発問力』明治図書、二〇〇七年
豊田ひさき『生活綴方教師宮崎典男の授業づくり』一莖書房、二〇一一年
豊田ひさき『はらっぱ教室　峰地光重の生活綴方』風媒社、二〇一四年
トルストイ・佐々木弘明訳『トルストイ自由主義学校』明治図書、一九八〇年
鷲田清一『「聴く」ことの力―臨床哲学試論』TBSブリタニカ、一九九九年
府川源一郎『「稲むらの火」の文化史』久山社、一九九九年
藤村宣之『数学的・科学的リテラシーの心理学』有斐閣、二〇一二年

[著者略歴]
豊田ひさき（とよだひさき）
1944年三重県生まれ。広島大学大学院教育学研究科修士課程修了。教育学博士。大阪市立大学大学院文学研究科教授、名古屋大学大学院教育発達科学研究科教授、中部大学現代教育学部初代学部長等を経て、現在中部大学特任教授。専門は、教育方法学、カリキュラム論、授業実践論。
（主要著書）『学力と学習集団の理論』（明治図書、1980年）、『明治期発問論の研究』（ミネルヴァ書房、1988年）、『学習集団の授業づくり』（日本書籍、1994年）、『小学校教育の誕生』（近代文芸社、1999年）、『集団思考の授業づくりと発問力・理論編』（明治図書、2007年）、『校長の品格』（黎明書房、2009年）、『生活綴方教師　宮崎典男の授業づくり』（一莖書房、2011年）、『はらっぱ教室　峰地光重の生活綴方』（風媒社、2014年）等多数。

東井義雄の授業づくり —生活綴方的教育方法とESD—

2016年3月21日　第1刷発行　　（定価はカバーに表示してあります）

著　者　　豊田 ひさき
発行者　　山口　章

発行所　名古屋市中区上前津2-9-14　久野ビル
振替 00880-5-5616 電話 052-331-0008
http://www.fubaisha.com/
風媒社

＊印刷・製本／モリモト印刷

ISBN978-4-8331-0961-1